1 年　理科

1 年理科　　第 1 回テスト　　〜　　第 31 回テスト　　　1〜31　ページ

解答・解説　　　　-1-〜-5-　ページ

/7問

（1）下図の顕微鏡の㋐〜㋒をそれぞれ何というか。

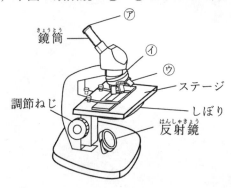

鏡筒

㋐
㋑
㋒
ステージ

調節ねじ
しぼり
反射鏡

㋐
㋑
㋒

（2）接眼レンズを 15×，対物レンズを 10 にして観察したときの倍率は何倍か。

（3）次のア〜オは顕微鏡の操作の説明である。これを正しい順番に並べなさい。

　　ア　しぼりを回して観察物がはっきり見えるようにする。

　　イ　対物レンズをいちばん低倍率にする。

　　ウ　対物レンズをプレパラートから離しながらピントを合わせる。

　　エ　プレパラートをステージにのせ，対物レンズをプレパラートにできるだけ近づける。

　　オ　反射鏡を調節して視野を明るくする。

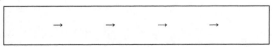

→　　　→　　　→　　　→

（4）顕微鏡でAを観察すると，図1のように視野のはしにAが見えた。Aが視野の中心に
　　くるようにするには，図2の a〜h のどの方向にプレパラートを動かせばよいか。

図1　　A

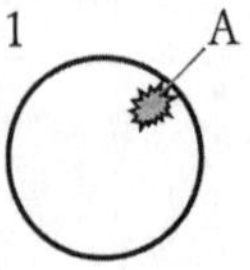

図2

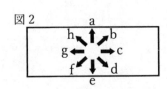

a
h　　b
g　　c
f　　d
e

（5）観察物を動かせるときのルーペの使い方として，正しいものは次のうちどれか。

ア

頭を前後に動かす。

イ

ルーペを前後に動かす。

ウ

見たいものを前後に動かす。

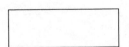

1

/10 問

（1）図3の被子植物の断面の㋐～㋒をそれぞれ何というか。

図3

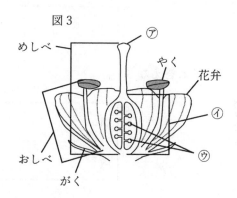

めしべ
㋐
やく
花弁
㋑
おしべ
㋒
がく

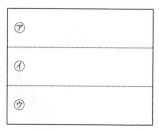

㋐
㋑
㋒

（2）図3の㋑, ㋒は受粉後, 何になるか。それぞれ答えなさい。

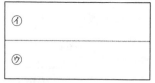

㋑
㋒

（3）次の被子植物は合弁花と離弁花のどちらか。

　すべて振り分けなさい。

【 アブラナ, サクラ, アサガオ, タンポポ, ツツジ 】

合弁花
離弁花

（4）裸子植物とはどのような植物か, 簡単に書きなさい。

（5）図4,5のマツのりん片にある㋐, ㋑の名称を答えなさい。

図4 雌花

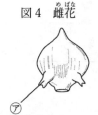

㋐

図5 雄花

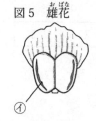

㋑

㋐
㋑

/12問

（1）植物の葉にあるすじのような作りを何というか。

（2）下の図6, 7のような（1）を何というか。それぞれ答えなさい。

図6 　　図7

図6
図7

（3）図8のAのような根, 図9の太いBの根, Bからのびた
　　Cの根をそれぞれ何というか。

図8 　　図9

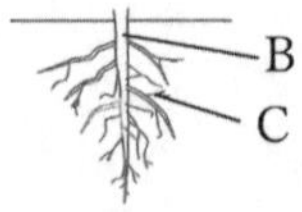

図8 A
図9 B
図9 C

（4）どの根の先端にもある小さな毛のようなものを何というか。

（5）被子植物のうち, 子葉が1枚の植物を何というか。

（6）被子植物のうち, 子葉が2枚の植物を何というか。

（7）下の表は（1）～（6）を被子植物の特徴ごとにまとめた
　　表である。空欄に言葉を入れなさい。

	子葉	根のつくり	葉脈
単子葉類	1枚	（ イ ）	平行脈
双子葉類	（ ア ）枚	主根と側根	（ ウ ）脈

ア
イ
ウ

3

/10問

（1）種子をつくらない植物のうち，根・茎・葉の区別がある
　　植物のなかまを何というか。

（2）種子をつくらない植物のうち，根・茎・葉の区別がない
　　植物のなかまを何というか。

（3）（1）や（2）の植物は，何をつくってなかまを増やすか。

（4）シダ植物であるイヌワラビについて，胞子が入っているＡを
　　何というか。またそれは図10のどの部分にできるか。

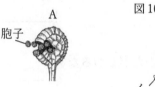

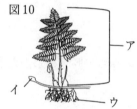

図10

A	
場所	

（5）コケ植物のからだを土や岩などに固定するはたらきがある
　　下図のＡを何というか。

（6）下の表の㋐～㋓に入る植物を下の語群の中から選び，書きなさい。

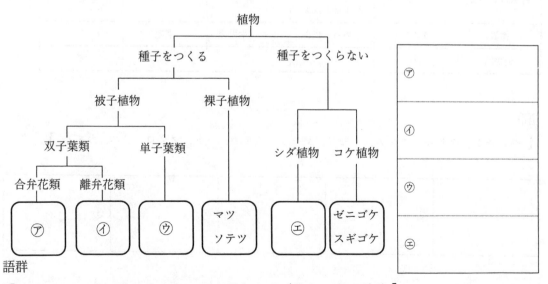

㋐
㋑
㋒
㋓

語群
【 サクラ， ユリ， イヌワラビ， アサガオ， アブラナ， タンポポ 】

4

/10 問

（1）背骨をもつ動物をまとめて何というか。

（2）雌が体外で卵を産んでなかまをふやすことを何というか。

（3）ある程度まで雌の体内で子を育ててから産むことを何というか。

（4）セキツイ動物のうち，体の表面が羽毛におおわれているなか
　　　まは何類というか。

（5）セキツイ動物のうち，一生のうちで呼吸のしかたが変わるな
　　　かまは何類というか。

（6）下の語群にある動物のうち，㋐〜㋕のグループに入る動物をそれぞれ選びなさい。

	魚類	両生類	ハチュウ類	鳥類	ホニュウ類
生まれ方	卵生	卵生	卵生	卵生	胎生
呼吸のしかた	えら	子：えら 親：肺と皮ふ	肺	肺	肺
体表	うろこ	しめった皮ふ	うろこや甲羅	羽毛	毛
動物例	㋐	㋑	㋒	㋓	㋔

語群
【 ペンギン，ウサギ，メダカ，イモリ，ヤモリ，イルカ，ハト，マグロ，ワニ，カエル 】

㋐	㋑	㋒	㋓	㋔

/8問

（1）背骨をもたない動物をまとめて何というか。

（2）（1）のうち，カニのようにからだとあしに節をもち，
からだ全体が硬い殻でおおわれている動物を何というか。

（3）（2）がもつ，からだの外側のかたい殻を何というか。

（4）（1）のうち，タコのように，からだやあしに節がなく，
内臓とそれを包む膜をもつ動物を何というか。

（5）（4）がもつ，内臓を包む膜を何というか。

（6）下図は動物をいろいろな質問に「はい」か「いいえ」で答えてなかま分けしたもので
ある。これについて，あとの問いに答えなさい。

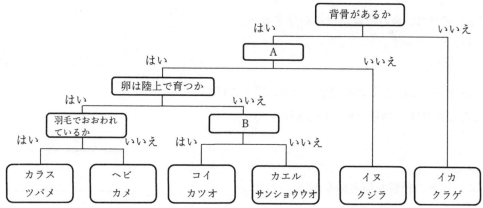

① A，Bに入る質問として適切なものをそれぞれ選びなさい。

ア　おもに陸上で生活するか。　　イ　卵から生まれるか。

ウ　一生水の中で生活するか。　　エ　肺で呼吸するか。

①A

B

② カツオなどの魚類は，イヌなどのホニュウ類に比べて
1回の産卵数がとても多い。この理由を簡単に書きなさい。

②

6

/8問

（1）下のガスバーナーについて，図A，Bの名称を答えなさい。

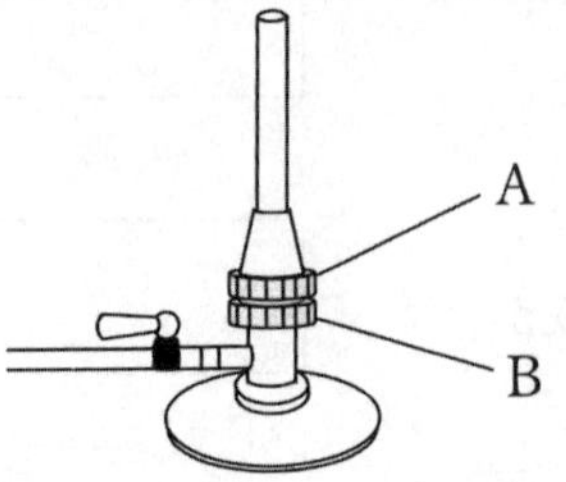

A
B

（2）次のア～オをガスバーナーの火のつけ方として正しい順番に並べなさい。
　　A，Bは（1）ででてきたものである。

　　ア　元栓，コックの順に開く。
　　イ　マッチに火をつけ，Bを少しずつ開いて点火する。
　　ウ　AとBが閉まっているかどうかを確認する。
　　エ　Bを回して，炎の大きさを調整する。
　　オ　Bを押さえ，Aだけを回して炎の色を調整する。

	→	→	→	→	

（3）（2）のオで，炎の色は何色に調整するか。

（4）加熱すると二酸化炭素を発生したり，黒くこげて
　　炭になったりする物質を何というか。

（5）（4）以外の物質を何というか。

（6）次の物質を有機物と無機物に分類しなさい。

【 食塩，　砂糖，　木材，　ガラス，　プラスチック，　鉄，　水 】

有機物	無機物

7

（1）次の金属の特徴を述べた文の空欄をうめなさい。

・みがくと光を受けて輝く（金属光沢）。
・たたくと（　㋐　）（展性），引っ張るとのびる（延性）。
・電気を（　㋑　）性質，熱をよく伝える性質がある。

㋐	
㋑	

（2）メスシリンダーの目盛りを読むとき，水面のどの位置を見るか。
また，このメスシリンダーには何 cm³ の水が入っているか。
メスシリンダーは100ml 用である。

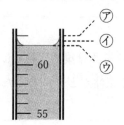

水面の位置	
水の量	

（3）ある物体の体積が 6 cm³ で，質量が 16.2 g であるとき，
この物体の密度は何 g /cm³ になるか。

（4）密度が 0.92 g /cm³，体積が 80 cm³ の氷の質量は何 g か。

（5）密度が 0.92 g /cm³ の氷を，密度 1.00 g /cm³ の水の中に
入れると浮くか，沈むか。

/10 問

（1）次の⑦～⑰の気体の集め方をそれぞれ何というか。

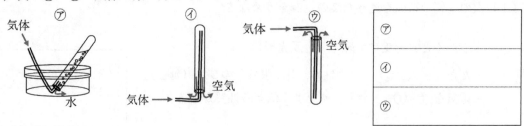

⑦	
⑦	
⑰	

（2）（1）の⑦と⑦はどのような性質をもつ気体を集めるときに用いられるか。

⑦	
⑦	

（3）（1）のように気体を集めるとき，はじめに出てくる気体は集めずに，しばらく
してから気体を集める。この理由をはじめに出てくる気体がどこにあったかに着目
して簡単に答えなさい。

（4）二酸化マンガンにうすい過酸化水素水（オキシドール）
を加えると発生する気体は何か。

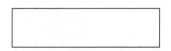

（5）（4）に火のついた線香を近づけるとどうなるか。

（6）石灰石にうすい塩酸を加えると発生する気体は何か。

（7）（6）が入った試験管に石灰水を入れてよく振ると，
石灰水はどうなるか。

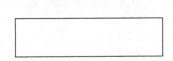

第10回テスト

/10問

（1）亜鉛やマグネシウムなどの金属にうすい塩酸を加えると
　　　発生する気体は何か。

（2）（1）を集めた試験管にマッチの火を近づけると，音を
　　　出して燃えた。このときできる物質は何か。

（3）赤色リトマス紙を青色に変えるのは何性の水溶液か。

（4）フェノールフタレイン溶液を赤色に変えるのは何性の水溶液か。

（5）下の表の空欄をうめなさい。

	酸素	二酸化炭素	アンモニア	水素	窒素	塩素
色	ない	ない	ない	ない	ない	（ ア ）
におい	ない	ない	刺激臭	ない	ない	刺激臭
空気との重さの比較	少し重い	重い	（ イ ）	非常に軽い	少し軽い	重い
水へのとけやすさ	とけにくい	少しとける（酸性）	非常にとけやすい（アルカリ性）	とけにくい	とけにくい	とけやすい（酸性）
集め方	水上置換法	下方置換法 水上置換法	上方置換法	（ ウ ）	水上置換法	下方置換法
その他の性質	・空気の約20%・ものを燃やすはたらきがある。	・石灰水を白くにごらせる。・水にとけると酸性の炭酸になる。	・塩化アンモニウムと水酸化カルシウムの混合物を加熱すると発生。	・空気中で爆発的に燃えて水を発生させる。	・空気中の約80%を占める。	・（ エ ）作用がある。・殺菌作用がある。・有毒

ア	イ	ウ	エ

（6）1種類の物質からできており，融点や沸点が物質によって
　　　決まっているものを何というか。

（7）2種類以上の物質が混ざっており，一定の融点や沸点を示
　　　さないものを何というか。

10

/7問

（1）次の中から混合物をすべて選びなさい。

【 水， 食塩水， 鉄， 二酸化炭素， 空気， 食塩 】

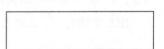

（2）物質の状態が，温度によって固体⇄液体⇄気体と変わる
　　ことを何というか。

（3）液体が沸騰して気体にかわるときの温度を何というか。

（4）固体がとけて液体にかわるときの温度を何というか。

（5）下図は水の状態変化のグラフである。これについて，あとの問いに答えなさい。

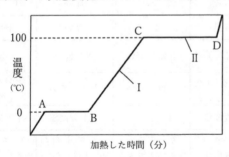

①　Ⅰ，Ⅱで，水はそれぞれどのような状態になっているか。

ア　氷のみの状態　　　イ　氷と水が混ざった状態

ウ　水のみの状態　　　エ　水と水蒸気が混ざった状態

オ　水蒸気のみの状態　カ　氷と水蒸気が混ざった状態

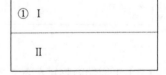

①　Ⅰ

　　Ⅱ

②　氷がすべて水になる点はA～Dのどれか。

②

11

/7 問

（1）右の表は，いろいろな物質の融点と沸点をまとめた
　　　ものである。これについて，あとの問いに答えなさい。

物質	融点(℃)	沸点(℃)
銅	1085	2562
アルミニウム	660	2470
水銀	−39	357
水	0	100
エタノール	−115	78
窒素	−210	−196

　　① 200℃のときに固体であるものをすべて選び
　　　　なさい。

　　② 20℃で液体であるものをすべて選びなさい。

　　③ 0℃のとき気体であるものをすべて選びなさい。

①	②	③

（2）右図のような装置で，水とエタノールの混合物を
　　　加熱し，出てきた気体を冷やして液体にし，集めた
　　　3本の試験管を順に A, B, C とした。

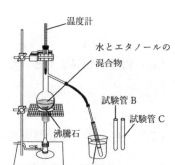

　　① この実験で沸騰石を入れるのはなぜか。

　　② このように液体を沸騰させて気体にし，
　　　　それを冷やして，再び液体にして集める方法を何というか。

　　③ 試験管 A〜C のうち，エタノールが最も多く含まれているのはどれか。

　　④ ③のような結果になったのはなぜか。（1）の表の「沸点」に注目して答えなさい。

①	
②	③
④	

/9問

（1）食塩水のように，水に物質がとけたものを（　　　）という。

（2）食塩水の食塩のように，液体にとけた物質を（　　　）という。

（3）食塩水の水のように，（2）をとかしている液体を何というか。

（4）ろ過の方法として正しいものはどれか。

ア　　　　　イ　　　　　ウ　　　　　エ

（5）一定量の水にとける物質の最大の量のことを何というか。

（6）物質が限界までとけている水溶液のことを何というか。

（7）一度とかした物質を再び固体としてとり出すことを何というか。

（8）下の表は硝酸カリウムの水の温度による溶解度を示したもの
　　である。これについて，あとの問いに答えなさい。

温度〔℃〕	0	20	40	60	80
100 gの水にとける質量〔g〕	13.3	31.6	63.9	110	169

　①　20℃の水 100 g に 40 g の硝酸カリウムを入れたとき，
　　　とけ残った硝酸カリウムは何 g か。

①

　②　80℃の水 100 g に硝酸カリウムをとけるだけとかした。
　　　これを 40℃まで冷やしたとき，何 g の硝酸カリウムが
　　　出てくるか。

②

/5問

（1）右図は，100gの水にとける硝酸カリウム，ミョウバン，塩化ナトリウムの溶解度と水の温度の関係を表したグラフである。これについて，あとの問いに答えなさい。

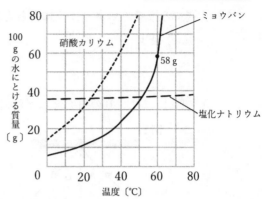

① 40℃の水100gにとける質量が最も多い物質はどれか。

①

② 60℃の水100gにミョウバンをとけるだけとかした。これを20℃まで冷やしたとき，約何gの物質が出てくるか。

②

③ 60℃の水100gに塩化ナトリウムを30gとかした水溶液をいくら冷やしても結晶は出てこなかった。この水溶液から結晶を取り出すにはどのようにしたらよいか。

③

（2）砂糖25gを水100gにとかして砂糖水をつくった。この水溶液の質量パーセント濃度を求めなさい。

（3）質量パーセント濃度が25%の食塩水200gには何gの食塩がふくまれているか。

14

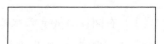

/9問

（1）太陽やろうそくの炎のように自ら光を出しているものを
　　（　　　）という。

（2）下の図11のA，Bの角をそれぞれ何というか。

図11

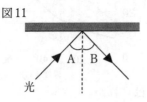

光

A
B

（3）図11のA，Bの角の大きさにはどのような関係があるか。

（4）下図のように，光がでこぼこした面でいろいろな方向に
　　反射することを何というか。

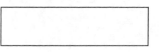

（5）右図のように，空気中からガラスに光をあてる
　　と，ガラスの中を進む光を観測することができた。
　　これについて，あとの問いに答えなさい。

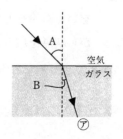

A
空気
ガラス
B
㋐

①　図のように，光が空気から水やガラスなどの異なる
　　物質の間を進むとき，境界で折れ曲がって進む現象
　　を何というか。

①
② A
B
③

②　図のAとBの角をそれぞれ何というか。

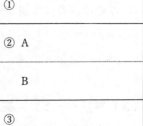

③　図のAの角とBの角の大きさの関係はどれか。

　　ア　A＝B　　イ　A＞B　　ウ A＜B

第16回テスト

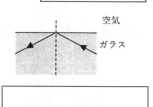

/7問

（1）右図のように，ガラスや水の中から空気中に進む光の入射
　　　角がある一定以上の大きさになると，その光が屈折せず，境
　　　界面ですべて反射されてしまうことを何というか。

（2）次の①，②の場面で光の進み方として正しいものを選びなさい。

①光が空気中→ガラスへ進む。　　②光がガラス→空気中へ進む。

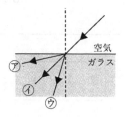
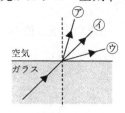

①

②

（3）正しい光の進み方を示しているものはどれか。

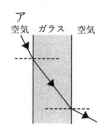
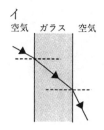
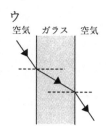

（4）容器に入ったコインをAから見たとき，本来Bの位置に
　　　あるはずのコインの中心が水を入れるとCの位置に見えた。
　　　このとき，コインの中心(B)から出た光が点A(目)に届くま
　　　での道すじを右図にかき入れなさい。

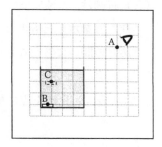

（5）A点から出て，鏡にあたった光が進む正しい道すじはどれか。

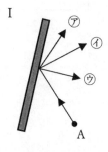
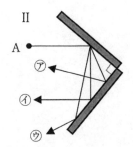

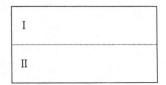

I

II

16

（1）身長160㎝の人が鏡に映る自分の姿を観察した。これについて，あとの問いに答えなさい。

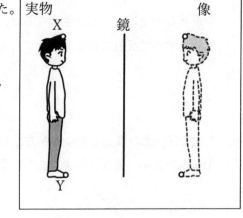

実物　　　　　　　鏡　　　　　　像
X

Y

① 頭の先（X点）と足の先（Y点）からの光が，鏡に反射して目に入る道すじを解答欄に書きなさい。作図に必要な線は残しておくこと。

② 自分の全身が映るようにしたいとき，鏡の長さは最低何cm必要か，答えなさい。

②

③ この人が鏡から遠ざかると，②の長さは「長くなる」，「短くなる」，「変わらない」のうちどれか。

③

（2）右図は，光軸に平行に入射したときの光の進み方を示したものである。これについて，あとの問いに答えなさい。

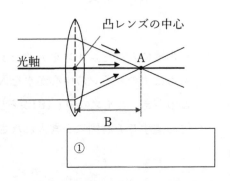

凸レンズの中心

光軸　　　　　　　　　　A

B

① 図で，光が1点に集まった点Aを何というか。

①

② 図のBの距離を何というか。

②

/8問

（1）右図のように，AやBの位置に物
体を置いたときに凸レンズによって
できる像を調べた。これについて，
あとの問いに答えなさい。

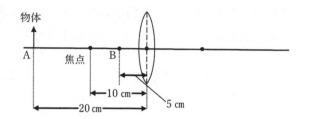

①　図のAの位置に物体を置いたときにできる像を図に直接書き込みなさい。

②　①のように，物体が焦点より遠くにあるとき，凸レン
ズで屈折した光が集まってできる像を何というか。

②

③　①でできた像の大きさと向きをそれぞれ物体と比べた
とき，どのような違いがあるか。

③大きさ

向き

④　図のBの位置に物体を置いたとき，光は集まらず，
像はできなかった。物体の反対側から凸レンズをの
ぞくと像が見えた。この像を何というか。

④

⑤　④で見えた像の大きさと向きをそれぞれ物体と比べた
とき，どのような違いがあるか。

⑤大きさ

向き

⑥　図の焦点の位置に物体を置いたときに見える像として，
正しいものを選びなさい。
　　ア　実像　　　　　イ　虚像
　　ウ　実像と虚像　　エ　像は見えない

⑥

（2）凸レンズによる像のでき方を調べるために，
焦点距離の2倍の位置に物体を置き，スクリー
ン上に像がはっきりうつるようにした。
スクリーン上の像を凸レンズ側から見たときの
見え方として，正しいものを選びなさい。

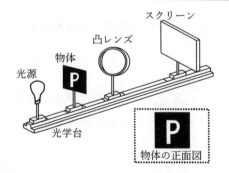

物体の正面図

ア　　　　　イ　　　　　ウ　　　　　エ

18

（1）右図のように，音さを鳴らしてコップの中に入れると
水しぶきがあがった。下の文の空欄をうめなさい。

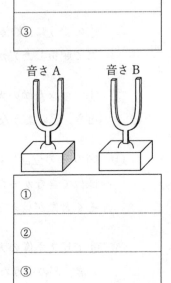

音さ

コップ

水

・音さのように音を出すものを（　①　）という。

・水しぶきがあがったのは，音さが（　②　）して
いるからである。

・音さの（　②　）を止めると，音は（　③　）。

①	
②	
③	

（2）右図のように，同じ高さの音が出る音さA，Bを向かい
合わせに置いた。これについて，あとの問いに答えなさい。

音さA　　　音さB

① 音さAをたたくと音さBはどうなるか。

② 音さAと音さBの間に板を入れて音さAを
たたくと音さBはどうなるか。

③ ①，②より，音を伝えているのは何だと考えられるか。

①	
②	
③	

（3）花火の打ち上げ地点から1360m離れた場所で花火を観察したところ，花火が打ち
上がってからちょうど4秒後に音が聞こえた。これについて，あとの問いに答えなさい。

① 音の伝わる速さは何m/sか。

①	

② Aさんはこの花火が上がってから6秒後に音が聞こえた。
Aさんは花火が打ち上げられた場所から何m離れているか。

②	

③ このように花火が見えて少し音が遅れて聞こえるのはなぜか。

③	

19

第20回テスト

/8問

（1）音を出す物体の振動の振れ幅を何というか。

（2）1秒間に物体や波が振動する回数である振動数の単位は何か。

図12

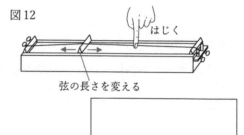

（3）右図12のモノコードで大きい音を出すには，
どのようにはじくとよいか。

弦の長さを変える

（4）図12のモノコードで高い音を出すにはどのように
すればよいか。下の空欄をうめなさい。

| ア |
| イ |
| ウ |

・弦の長さを（　ア　）する。
・弦の太さを（　イ　）する。
・弦を張る強さを（　ウ　）する。

（5）下のA～Cは，モノコードをはじいたときの音の振動のようすをコンピュータを
使って記録したものである。これについて，あとの問いに答えなさい。

A 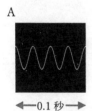　　B　　C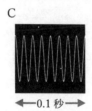

←0.1秒→　　←0.1秒→　　←0.1秒→

① 音の大きさが最も小さいのはどれか。

①

② 音の高さが最も高いのはどれか。

②

20

/9問

（1）輪ゴムを引っ張るともとに戻ろうとするなどの，変形した
物体がもとに戻ろうとする力を何というか。

（2）自転車のブレーキをかけると止まるなどの，ふれ合っている
物体の間に生じる動きをさまたげようとする力を何というか。

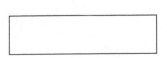

（3）カバンを持つ人が手を放すとカバンが落下するなどの，地球
上のすべての物体にはたらく地球の中心に向かう力を何というか。

（4）あるばねにおもりをぶら下げて，ばねにはたらく力の
大きさとばねののびの関係を調べた。右のグラフはその
結果である。これについて，あとの問いに答えなさい。

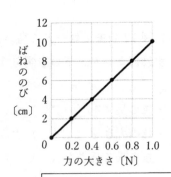

① 力の大きさとばねののびの間にはどのような
関係があるか。

② ①の関係を表す法則を何というか。

③ このばねに 1.4N の力を加えると，ばねののびは
何cmになるか。

④ ばねの伸びが5cmのとき，ばねに加えた力の大き
さは何Nか。

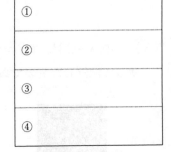

（5）質量1800gの物体にはたらく重力の大きさは何Nか。
100gの物体にはたらく重力の大きさを1Nとして求めなさい。

（6）（5）の物体を月面上ではかると何Nか。ただし，
月面上の重力の大きさは地球上の6分の1とする。

/10問

（1）物体に力がはたらく点を何というか。

（2）次の①～③の力を定規を使って作図をしなさい。いずれも点Oにはたらく力で，1Nの
　　力を1cmの矢印で表すものとし，100gの物体にはたらく重力の大きさを1Nとする。

①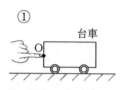

手が2Nで台車を押す力

②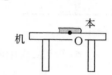

重さ150gのリンゴ
にはたらく重力

③

机が1.0Nで本を支える力

（3）1つの物体に2つの力がつり合っているとき，2つの力は（　ア　）上にあり，2つの
　　力の向きは（　イ　）で，2つの力の大きさは（　ウ　）。

ア	イ	ウ

（4）右図のように，机の上に本が置いてある。このとき，本には
　　重力がはたらいている。これについて，あとの問いに答えなさい。

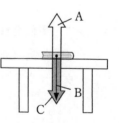

①　本にはたらいている重力を表す矢印はA～Cのどれか。

①

②　本が動かないのは，重力とつり合う力がはたらいて
　　いるからであるが，その力を何というか。

②

③　②の力を表す矢印はA～Cのどれか。

③

/10問

（１）地下深くにある，岩石がどろどろにとけた高温の物質を何というか。

（２）下のA～Cは，火山の形を模式的に表したものである。
これについて，あとの問いに答えなさい。

① A～Cのように火山の形が異なるのは何の違いによるものか。

①

② A～Cのうち，①が最も強いのはどれか。

②

③ A～Cのうち，溶岩が最も白っぽい火山はどれか。

③

④ 次のア～ウの火山はA～Cのどれにあたるか。

ア　雲仙普賢岳（長崎），昭和新山（北海道）
イ　桜島（鹿児島），三原山（伊豆大島）
ウ　マウナロア（ハワイ），マウナケア（ハワイ）

④ ア

イ

ウ

（３）次の①～③の火山噴火物の名称を答えなさい。

① 風で遠くまで運ばれ，広範囲に広がる，直径が2mm以下
の火山噴出物。

①

② マグマが地表に流れ出したもの。また，それが固まって
できた岩石。

②

③

③ マグマがふき飛ばされ，空気中で固まった大型のもの。

/11 問

（１）マグマと火山の噴火についてまとめた下の表の④,④,㋙をうめなさい。

模式図	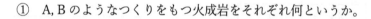		
マグマのねばりけ	㋐	中間	④
溶岩の色	㋒	中間	㋔
噴火のようす	㋕	中間	㋙
例	雲仙普賢岳 昭和新山	桜島 富士山	マウナケア マウナロア

④

㋔

㋙

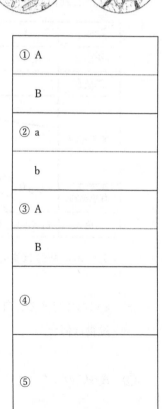

A   B

（２）右図は２種類の火成岩のつくりを顕微鏡で観察
して, スケッチしたものである。これについて,
あとの問いに答えなさい。

① A,Bのようなつくりをもつ火成岩をそれぞれ何というか。

② Aの比較的大きな結晶aと肉眼ではわからないような
細かい粒bを何というか。

③ A,Bのような岩石のつくりをそれぞれ何というか。

④ 次の岩石のうち,Aのつくりをもつ岩石をすべて選べ。

【 安山岩, 花こう岩, 斑れい岩, 流紋岩 】

⑤ Aのつくりの岩石はどのようにしてできたと考えられるか。

① A	
B	
② a	
b	
③ A	
B	
④	
⑤	

/10問

（1）下の表は火山灰に含まれる鉱物を色や形によって分けたもので，その色の違いから
からA，Bに分けられる。これについて，あとの問いに答えなさい。

	A		B			
	ア	チョウ石	イ	カクセン石	キ石	カンラン石
鉱石						
形	不規則	柱状・短冊状	板状・六角形 うすくはがれる	長い柱状・針状	短い柱状・短冊状	不規則な形の小さな粒

① 図のA，Bのうち，無色鉱物とよばれるのはどちらか。

② ア，イは何という鉱物か。

①
② ア
イ

（2）下の表は火成岩をつくる鉱物の組み合わせを示したもの
である。これについて，あとの問いに答えなさい。

	A	B	C
火山岩	流紋岩	ア	イ
深成岩	ウ	せん緑岩	エ
無色鉱物	セキエイ	a	
有色鉱物	クロウンモ	カクセン石 キ石	カンラン石
色	白っぽい ←		→ 黒っぽい

① ア～エにあてはまる火成岩の名称を答えなさい。

② aにあてはまる，白色か灰色で決まった方向に割れる
鉱物は何か。

③ A～Cのうち，マグマのねばりけが最も強いのはどれか。

④ 深成岩は火山岩に比べて，多くの大きな粒が集まって出来ている。これはなぜか。

① ア
イ
ウ
エ

②

③

④

/11 問

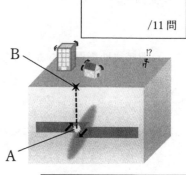

（1）右図は地震が起こった土地の模式図である。
これについて，あとの問いに答えなさい。

① A, B をそれぞれ何というか。

A：岩盤の破壊が始まった点。

B：A の真上の地表の点。

② ある地点での地震によるゆれの大きさを何というか。

③ ②は何段階に分けられるか。

④ 地震そのものの規模を表したものを何というか。

⑤ 地震のゆれは，A を中心にどのように伝わるか。

（2）右図はある地震を地震計で記録したものである。
これについて，あとの問いに答えなさい。

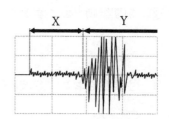

① はじめにくる小さなゆれ X と，X の後にくる
大きなゆれ Y をそれぞれ何というか。

② X のゆれが続く時間を何というか。

③ X, Y を起こす波をそれぞれ何というか。

26

/9問

（１）海底で地震が起こると，しばらくして海岸に大きな波が
　　　押しよせることがある。これを何というか。

（２）大きな地震によって土地がもち上がることを何というか。

（３）大きな地震によって土地が沈むことを何というか。

（４）次の表はある地震における A, B 地点での初期微動と主要動のゆれはじめの時刻を
　　　示したものである。これについて，あとの問いに答えなさい。

	震源からの距離	初期微動がはじまった時刻	主要動がはじまった時刻
A 地点	60 km	11 時 43 分 30 秒	11 時 43 分 35 秒
B 地点	180 km	11 時 43 分 50 秒	11 時 44 分 05 秒

　　① 　B 地点での初期微動継続時間は何秒か。

①

　　② 　初期微動をおこす P 波の速さは何 km/s か。

②

　　③ 　主要動をおこす S 波の速さは何 km/s か。

③

　　④ 　この地震がおきたのは何時何分何秒だと考えられるか。

④

（５）地球の表面をおおう，十数枚のかたい板を何というか。

（６）海の（５）が陸の（５）の下に沈み込む場所を何というか。

（1）右図はある地震における震源からの距離と，P波，S波の到達時間との関係をグラフにしたものである。これについて，あとの問いに答えなさい。

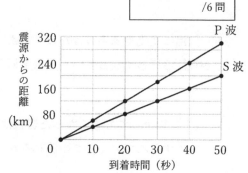

① 初期微動継続時間が10秒であるのは，地震が発生した場所から何km離れている地点か。

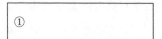

② 初期微動継続時間が20秒であるのは，地震が発生した場所から何km離れている地点だと考えられるか。

③ この地震におけるP波とS波の速さをそれぞれ求めなさい。

③P波	S波

（2）下図は，日本付近の地下のようすを模式的に示したものである。この図の中で最も地震がおこりやすい場所は㋐～㋒のどれか。

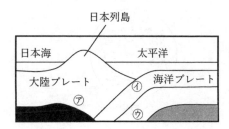

（3）日本海溝付近のプレートの動きは次のうちどれか。

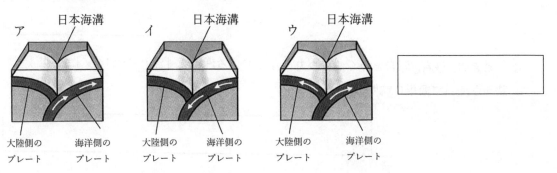

/7問

（1）気温の変化や風雨のはたらきによって，地表の岩石が表面
からぼろぼろになっていく現象を何というか。

（2）（1）によってもろくなった岩石は，川などの水のはたらきによ
ってけずられていく。この流れる水のはたらきを何というか。

（3）流水によって川の上流でけずりとった土砂を下流へ運んで
いくことを何というか。

（4）川の流れがゆるやかになった中流や下流で細かくなった
岩石が積もる作用を何というか。

（5）泥や砂などが海底などで長い年月をかけて押し固められ，
岩石になったものを何というか。

（6）下図は，れき岩，砂岩，泥岩を観察したときのスケッチである。
これについて，あとの問いに答えなさい。

れき岩

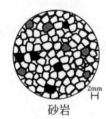
砂岩

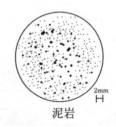
泥岩

① れき岩，砂岩，泥岩は粒の何によって区別するか。

①

② れき岩，砂岩，泥岩をつくる粒が丸くなっている理由を「流れる水」と「角」という
語句を使って簡単に説明しなさい。

②

29

/11 問

（1）右図は，流れる水のはたらきで海に運
ばれてきた土砂のようすを模式的に表し
ている。図の⑦〜⑨に堆積する岩石を下
の【　】の中からそれぞれ選びなさい。

【 砂岩，　泥岩，　れき岩 】

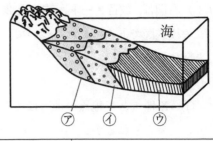

⑦	④	⑨

（2）生物の死がいなどが堆積して固まったⅠ，Ⅱの堆積岩の名前を答えなさい。

Ⅰ　うすい塩酸と反応して二酸化炭素を発生させる堆積岩。

Ⅱ　非常にかたい岩石で，うすい塩酸と反応しない堆積岩。

Ⅰ
Ⅱ

（3）火山灰などが固まってできた岩石を何というか。

（4）火山灰の層のように，地層の広がりを知る手がかりになる層を何というか。

（5）地層が堆積した当時の環境を知る手がかりになる化石を何というか。

（6）地層が堆積した年代を知る手がかりになる化石を何というか。

（7）（6）の化石になるのはどのような生物の化石が適切か。

ア　せまい地域に生息し，長期間生存した生物

イ　せまい地域に生息し，短期間のみ生存した生物

ウ　広い地域に生息し，長期間生存した生物

エ　広い地域に生息し，短期間のみ生存した生物

（8）サンヨウチュウの化石が見つかった地層ができた地質年代
を答えなさい。

30

/7問

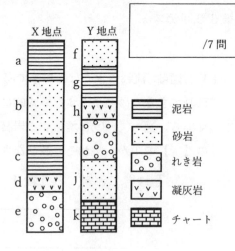

（1）右図は，数百メートル離れた２つの地層
の模式図である。これについて，あとの問
いに答えなさい。

① Ｘ地点とＹ地点の地層はつながっていると
考えられるか。

泥岩
砂岩
れき岩
凝灰岩
チャート

② ①を考えるときの「鍵層」をＸ地点のa~e，
Ｙ地点のf~kから１つずつ選びなさい。

①

②

③ a~kの層のうち，最も古いと考えられる層はどれか。

③

④ 砂岩の層にはサンゴの化石が含まれていた。これにより，
この層が堆積した当時の環境はどのようなものであったと考えられるか。

④

⑤ 泥岩の層からはフズリナが発見された。
この層はいつ堆積したと考えられるか。

【 古生代，　中生代，　新生代 】

⑤

（2）下図のように，地層が切れてずれることでできたくいちがいのことを何というか。

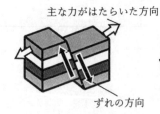

主な力がはたらいた方向

ずれの方向

（3）下図のような，地層が曲げられたものを何というか。

2 年　理科

2年理科　　　第1回テスト　　～　　第35回テスト　　　33～67　ページ

解答・解説　　　-6-～-12-　ページ

/7 問

（1）右図のように，酸化銀を加熱して発生する気体を
　　 集めた。これについて，あとの問いに答えなさい。

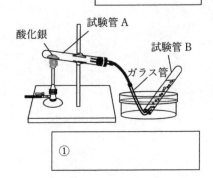

酸化銀　試験管 A　試験管 B　ガラス管

　① 試験管 A に入れた酸化銀は黒色であったが，
　　 加熱すると酸化銀は何色に変化したか。

①

　② 発生した気体を集めた試験管 B の中に火のついた線香を
　　 入れると，線香が炎をあげて燃えた。これにより，発生
　　 した気体は何だと考えられるか。

②

　③ この実験では，気体の発生が終わって，ガスバーナーの火を消す前に，
　　 ガラス管を水の中から取り出さなければならないが，これはなぜか。

③

　④ この実験の加熱した試験管 A の中でおこった，1 種類の物
　　 質が 2 種類以上の物質に分かれる化学変化を何というか。

④

（2）右図のような装置で，炭酸水素ナトリウムを加熱
　　 した。これについて，あとの問いに答えなさい。

試験管 A　試験管 B　石灰水

炭酸水素ナトリウム

　① この実験で試験管 B 内の石灰水は白くにごった。
　　 石灰水を白くにごらせた気体は何か。

①

　② このときの化学変化を式で表すとき，ア，イに入る物質名を答えなさい。

炭酸水素ナトリウム→（　ア　）＋（　イ　）＋二酸化炭素
　　　　　　　　　　　固体　　　　液体

② ア

イ

/6問

（１）右図のように，試験管Ａに炭酸水素ナトリウムを入れ
　　て加熱した。これについて，あとの問いに答えなさい。

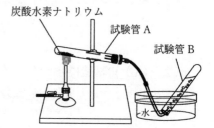

炭酸水素ナトリウム
試験管Ａ
試験管Ｂ
水

　①　図では，試験管Ａの口を底よりも少し下げて加熱し
　　　ている。この理由はなぜか。

　　　ア　発生した気体が試験管Ａから出やすくするため。
　　　イ　試験管Ｂ内の液体が試験管Ａに逆流するのを防ぐため。
　　　ウ　発生した液体が試験管Ａの底の加熱部分に流れて，
　　　　　試験管Ａが割れるのを防ぐため。

①

　②　試験管Ａの口付近の内側についた液体が水であることを
　　　確かめるには，何を使えばいいか。

②

　③　発生した気体がたまった試験管Ｂに，石灰水を入れて
　　　よく振ると，石灰水はどのように変化するか。

③

　④　加熱後，試験管Ａに残った白い物質を水に入れ，フェ
　　　ノールフタレイン溶液を加えると，水溶液は何色になるか。

④

　⑤　④の白い物質の性質を表しているのは次のどれか。

　　　ア　強いアルカリ性で水によくとける。
　　　イ　強いアルカリ性で水に少しとける。
　　　ウ　弱いアルカリ性で水によくとける。
　　　エ　弱いアルカリ性で水に少しとける。

⑤

　⑥　炭酸水素ナトリウムの性質を表しているのは⑤のどれか。

⑥

/15問

（1）物質をつくる最小の粒子を何というか。

（2）（1）の構造にもとづいて性質の似たものが（　ア　）の列
　　に並ぶようにした表を元素の（　イ　）という。

ア

イ

（3）原子について正しく説明してあるものをすべて選びなさい。

　　ア　原子の種類は，現在約80種類ほど知られている。
　　イ　原子は，化学変化によってそれ以上分けることができない。
　　ウ　原子は，化学変化によって別の種類の原子にかわることがある。
　　エ　質量や大きさは，原子の種類によって決まっている。

（4）次の①〜⑧に入る元素名，元素記号をそれぞれ書きなさい。

元素名	元素記号	元素名	元素記号
水素	①	⑤	Cu
②	O	アルミニウム	Al
炭素	③	亜鉛	⑥
窒素	N	マグネシウム	⑦
塩素	④	銀	⑧

①	②
③	④
⑤	⑥
⑦	⑧

（5）いくつかの原子が結びついてできた，物質としての性質を
　　示す最小の粒子を何というか。

（6）$3CO_2$について，あとの問いに答えなさい。

　　①　大きな数字の3は何が3個あることを示しているか。

①

　　②　$3CO_2$の中に酸素原子は何個あるか。

②

35

/13 問

（１）次の①〜⑧の物質の化学式を書きなさい。

① 水素　　② 酸化銀　　③ アンモニア
④ 水　　⑤ 硫酸バリウム　　⑥ 塩化ナトリウム

①	②
③	④
⑤	⑥

（２）次の物質の中から化合物をすべて選びなさい。

【 銀， 二酸化炭素， 水， 塩素， 硫化鉄 】

（３）右図のような装置を使って，水の電気分解を行った。
　　これについて，あとの問いに答えなさい。

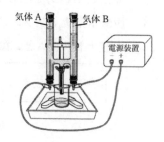
気体A　気体B　電源装置

① 電源装置の＋極，−極につないだ電極を
　それぞれ何極というか。

① ＋極	−極

② この実験では，装置に水酸化ナトリウムをとかした水を入れている。
　なぜ水に水酸化ナトリウムをとかすか，簡単に答えなさい。

②

③ この実験の化学変化を化学反応式で書きなさい。

③

④ この実験で発生した気体に，マッチの炎を近づけた。
　音を立てて燃えたのは，陰極と陽極どちらの気体か。

④

⑤ この実験で発生した気体Ａと気体Ｂの体積比を書きなさい。

⑤ A：B=　　　：

（1）下図で，○は水素，●は炭素，◎は酸素を表している。

　　　ある分子をモデルで表した㋐～㋒をそれぞれ化学式で表しなさい。

㋐　○○　　　　㋑　◎●◎　　　㋒　○○○

㋐
㋑
㋒

（2）次の化学変化を化学反応式で表しなさい。

　　①　炭素を燃焼させると二酸化炭素が発生した。

　　②　銅を加熱すると酸化銅ができた。

　　③　酸化銀（Ag_2O）を熱分解すると，銀と酸素ができた。

　　④　炭酸水素ナトリウム（$NaHCO_3$）を熱分解すると，

　　　　炭酸ナトリウムと二酸化炭素と水ができた。

①
②
③

④

（3）右図のように，鉄粉と硫黄（いおう）の粉末をよく混ぜ合わせたもの

　　の上部を加熱し，色が赤く変わりはじめたら加熱をやめ，変

　　化の様子を観察した。これについて，あとの問いに答えなさい。

　　①　この実験では色が赤く変わり始めたところで加熱を

　　　　やめたが，その後，反応はどうなるか。

①

　　②　鉄と硫黄が反応するときの化学変化を化学反応式で

　　　　表しなさい。

②

　　③　加熱前の混合物と，加熱後の物質にそれぞれ磁石を近づけた

　　　　とき，磁石に引きつけられたのはどちらの物質か。

③

　　④　加熱前の混合物と，加熱後の物質にそれぞれうすい塩酸を加えたとき，

　　　　腐卵臭（ふらんしゅう）のある気体が発生するのはどちらの物質か。

④

第6回テスト

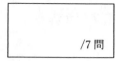

/7問

（1）右図のように，マグネシウムリボンを空気中で燃やした。
これについて，あとの問いに答えなさい。

① マグネシウムリボンの加熱のようすとして
正しいものはどれか。

ア　弱い光を発して反応し，白っぽい物質ができる。
イ　弱い光を発して反応し，黒っぽい物質ができる。
ウ　強い光を発して反応し，白っぽい物質ができる。
エ　強い光を発して反応し，黒っぽい物質ができる。

①

② マグネシウムリボンは空気中の何という物質と化合したか。

②

③ ②の物質と化合する化学変化を何というか。

③

④ 加熱前のマグネシウムリボンと，加熱後の物質をそれぞれ
うすい塩酸の中に入れたとき，気体が発生したのはどちらの物質か。

④

⑤ この実験の化学変化を化学反応式で表しなさい。

⑤

（2）右図のように，銅の粉末を加熱した。これについて，
あとの問いに答えなさい。

銅の粉末

① この実験で起こった反応を化学反応式で書きなさい。

①

② 加熱前の銅の粉末の質量と加熱後にできた黒い物質の
質量では，どちらが大きいか。

②

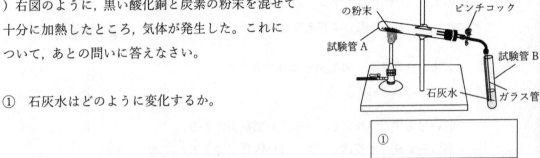

/8問

（1）右図のように，黒い酸化銅と炭素の粉末を混ぜて
十分に加熱したところ，気体が発生した。これに
ついて，あとの問いに答えなさい。

① 石灰水はどのように変化するか。

①

② 加熱後，試験管Aの中に残った物質は何か。
また，その物質の色は何色か。

② 物質

色

③ この実験で起こっている化学変化の化学反応式は下のようになっている。酸化物か
ら酸素がうばわれる反応(A)と炭素が酸素をうばう反応(B)をそれぞれ何というか。

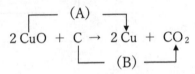

③ A

B

④ この実験で，気体の発生が終わったあとの手順を
正しい順番に並べなさい。

ア　ピンチコックでゴム管を閉じる。
イ　ガラス管を試験管Bからとり出す。
ウ　ガスバーナーの火をとめる。

④　　　　→　　　　→

⑤ ④のアを行う理由を簡単に書きなさい。

⑤

⑥ 加熱後の物質が金属かどうかを調べる方法として，
正しいものをすべて選びなさい。

ア　磁石を近づける。
イ　電流が流れるか確かめる。
ウ　表面を薬さじで強くこする。

⑥

（1）右図のように，炭酸水素ナトリウムとうすい塩酸を別々の
　　　容器に入れ，ふたを密閉し，全体の質量をはかった。その後，
　　　容器を傾けて2つの物体を反応させると，気体が発生した。
　　　これについて，あとの問いに答えなさい。

うすい塩酸
炭酸水素
ナトリウム

　　①　この実験で発生した気体は何か。

①

　　②　気体が発生しなくなってから容器全体の質量をはかると，反応前
　　　　の質量と変わらなかった。この関係を示した法則を何というか。

②

　　③　その後，容器のふたをゆるめると全体の質量は減少した。
　　　　この理由を簡単に答えなさい。

③

（2）銅の粉末の質量を変えて十分加熱し，銅の
　　　粉末と加熱後の質量をはかった。加熱した銅
　　　の質量と加熱後の質量の関係を右の表に表し
　　　た。これについて，あとの問いに答えなさい。

銅の質量（g）	0.4	0.8	1.2	1.6	2.0
加熱後の質量（g）	0.5	1.0	1.5	2.0	2.5

　　①　銅の質量と銅と化合した酸素の質量比を最も簡単な整数比で表しなさい。

①

　　②　銅の質量と銅と化合した酸素の質量の間にはどのような関係があるか。

②

　　③　銅2.8gが完全に反応すると，加熱後の質量は何gになるか。

③

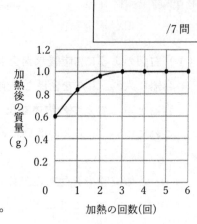

/7 問

（1）0.6 g のマグネシウムの粉末をステンレス皿に入れ，
空気中で加熱したあと，冷えてから質量をはかった。
再び加熱し，また質量をはかるという操作を繰り返
した。右のグラフはその結果である。これについて，
あとの問いに答えなさい。

① 右のグラフで，途中から質量が増えなくなっている。
この理由を簡単に説明しなさい。

①

② 結びつくマグネシウムの質量と酸素の質量の比を，
最も簡単な整数比で表しなさい。

②

③ 酸化マグネシウム 4.0 g には，酸素は何 g ふくまれているか。

③

④ マグネシウム 3.0 g を加熱した。途中で加熱をやめ，
質量をはかると 3.6 g であった。このとき反応しない
で残っているマグネシウムの粉末は何 g か。

④

⑤ マグネシウム原子 30 個すべてが酸素と結びつく場合，
酸素分子は何個必要になるか。

⑤

（2）活性炭と鉄粉に食塩水をたらし，よくかき混ぜると，
熱が発生した。この反応を何というか。

（3）塩化アンモニウムと水酸化バリウムに水を加えると，
温度が下がった。このような反応を何というか。

/12問

（1）右図は，動物の細胞と植物の細胞を模式的に表した
　　ものである。これについて，あとの問いに答えなさい。

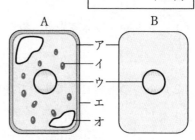

①　植物の細胞は A, B のどちらか。

①

②　次の【　】内の部分を図のア〜オの中から選びなさい。

　　【　細胞壁,　　細胞膜,　　核,　　葉緑体　】

②細胞壁	細胞膜	核	葉緑体

③　細胞を顕微鏡で観察するとき，核を見やすくするために，
　　ある染色液を使う。この染色液の名前を1つ答えなさい。

③

④　細胞を顕微鏡で観察するためにプレパラートをつくるとき，
　　右図のように，カバーガラスを片方からゆっくりと下げな
　　がらかぶせる。この理由を簡潔に答えなさい。

④

⑤　図のア〜オのうち，次の場所はどこか。

　Ⅰ　1つの細胞に1つあり，DNA を含んでいる場所。
　Ⅱ　光合成をおこなう場所。
　Ⅲ　植物の体を支えるのに役立っている場所。

⑤ Ⅰ

Ⅱ

Ⅲ

⑥　図のア〜オのうち，細胞の活動でできた養分や水分が貯ま
　　る場所はどこか。また，その場所の名称を答えなさい。

⑥ 場所

名称

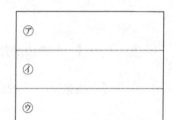

（1）ヒトやタマネギなど，多くの細胞からなる生物を何というか。

（2）1つの細胞だけで体ができている生物を何というか。

（3）（2）である㋐〜㋒の生物の名称を答えなさい。

 ㋐　　　 ㋑　　　 ㋒

㋐

㋑

㋒

（4）右図は，ムラサキツユクサの葉の断面を
　　模式的に表したものである。これについて，
　　あとの問いに答えなさい。

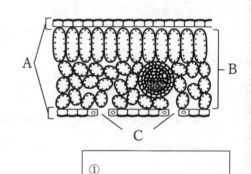

　① 図のAやBのように，同じ形やはたらきを
　　もつ細胞の集まりを何というか。

①

　② AやBなどの①が集まってできる，葉や心臓のような
　　特定のはたらきをする部分を何というか。

②

　③ 細胞が酸素を使って栄養分を分解することで生きるため
　　のエネルギーをとり出すはたらきを何というか。

③

　④ Bの細胞の中にある緑色の粒を何というか。

④

　⑤ 酸素や二酸化炭素の出入り口，また，水蒸気の出口と
　　してはたらいている，Cのすき間を何というか。

⑤

　⑥ 葉の表皮にみられ，⑤を囲む三日月形の細胞を何というか。

⑥

43

/10 問

（1）右図のように同じ枚数, 同じ大きさの葉を
　　もつ枝を用意し, 水を入れた試験管の中に入
　　れ, 油で水面をおおった。葉を A〜C のように
　　にして, 試験管の中の水の減少量を調べた。
　　これについて, あとの問いに答えなさい。

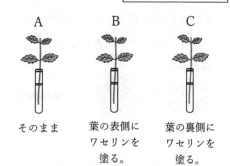

A	B	C
そのまま	葉の表側に ワセリンを 塗る。	葉の裏側に ワセリンを 塗る。

①　この実験で水の量が減少したように, 根から吸い上げられ
　　た水が気孔から水蒸気として放出される現象を何というか。

①

②　この実験で, 問題文の下線部のような操作を行ったのはなぜか。

②

③　この実験で A〜C の減少した水の量が右のような
　　結果になったとき, 葉の表, 葉の裏, 茎からの①
　　の量をそれぞれ求めなさい。

A	B	C
2.4 ml	1.9 ml	0.6 ml

③ 葉の表	葉の裏	茎

④　この実験の結果から, 気孔は葉の表側と裏側の
　　どちらに多くあると考えられるか。

④

（2）茎や根には水などの通り道である（　ア　）と,
　　葉で作られた養分の通り道である（　イ　）がある。
　　（　ア　）と（　イ　）の集まりを（　ウ　）という。

ア
イ
ウ

（3）葉緑体の中で, 光エネルギーを使って二酸化炭素と水
　　からデンプンをつくるはたらきを何というか。

/9問

（1）光合成が葉のどの部分で行われているかを調べるために下のような実験を行った。
これについて，あとの問いに答えなさい。

A 緑色の部分
B ふの部分
C 緑色の部分
D ふの部分

アルミニウムはく

ふ入りの葉の一部をアルミニウ
ムはくでおおい，光にあてる。

葉を80℃にあたためた
エタノールにつける。

葉を水につけてやわらかく
したあと，薬品Aにつける。

① あたためたエタノールにつけると葉はどうなるか。

①

② エタノールの入ったビーカーを火で直接加熱することは
危険なため，行ってはならない。それはなぜか。

②

③ この実験で使用した薬品Aは，光合成によってつくられた
デンプンの有無を調べるためのものである。薬品Aは何か。

③

④ 薬品Aはデンプンがあると何色になるか。

④

（2）右図は，植物の昼間と夜間のはたらきによる
気体の出入りを模式的に表したものである。
これについて，あとの問いに答えなさい。

A

B

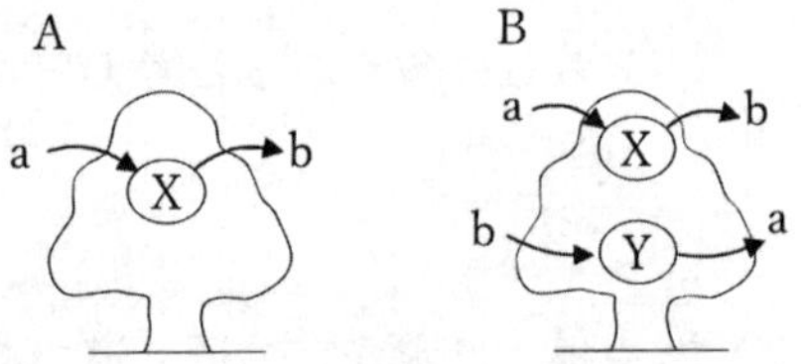

① 晴れた昼間の植物のはたらきはA, Bのどちらか。

①

② 矢印a, bの気体の名前，X, Yのはたらきをそれぞれ何というか。

②a	b	X	Y

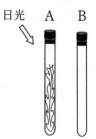

/6問

（1）2本の試験管 A, B を用意し，A にはタンポポの葉を入れ，両方の試験管に息をふきこんだ。2本の試験管を日光に十分当てたあと，それぞれに石灰水を入れ，よく振った。これについて，あとの問いに答えなさい。

①　この実験のように，1つの条件以外を同じにして実験結果を比較するために行う実験を何というか。

①

②　息をふきこんだのは試験管に何という気体を増やすためか。

②

③　この実験で石灰水が白くにごったのはどちらの試験管か。

③

（2）青色の BTB 溶液に息をふきこんで中性の緑色にし，3本の試験管 A, B, C の試験管に入れた。右図のように A, B にはオオカナダモの葉を入れ，B は光が当たらないようにアルミニウムはくでおおった。3本の試験管にゴム栓をして，十分に光を当て，溶液の変化を観察すると，A, B が変化した。これについて，あとの問いに答えなさい。

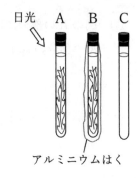

①　試験管 A, B の BTB 溶液はそれぞれ何色に変化したか。

① A

B

②　試験管 A の色が変化した理由を「光合成」，「呼吸」という語句を用いて書きなさい。

②

46

/7問

(1) 右図のように，赤インクで着色した水を入れた試験管にアブラナの枝とユリの枝を入れた。しばらくしてから，茎の部分を輪切りにしてプレパラートをつくり，顕微鏡で観察した。アブラナとユリでは茎の中の染まり方が違っていた。それぞれどのようになっていたか，1つずつ選びなさい。

アブラナ
ユリ

(2) 右図は，ある植物の葉の断面を模式的に示したものである。これについて，あとの問いに答えなさい。

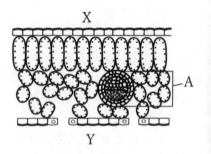

① 図のAの部分には道管や師管が集まっている。Aの部分の名称を書きなさい。

①

② 図のX, Yのうち，葉の裏側はどちらか。

②

(3) 双子葉類の葉をア，イから，茎をウ，エから，根をオ，カからそれぞれ選び，記号で書きなさい。

葉	茎	根

第16回テスト

（1）口→食道→胃→小腸→大腸→肛門と続く，食物が通る一本
　　 の管を何というか。

（2）だ液・胃液・すい液などの消化液に含まれ，決まった養分にはたらき，
　　 食物を分解して吸収できるようにする物質を何というか。

（3）下図は，消化に関するヒトの器官を表している。
　　 A〜Fの器官名をそれぞれ何というか。

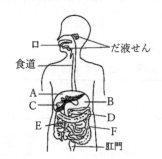

A	
B	
C	
D	
E	
F	

（4）デンプンはまず，だ液から出されるだ液中の（　ア　）という消化酵素によって分解
　　 される。その後，すい液，小腸の壁から出される消化酵素によって，最終的に（　イ　）
　　 に分解される。

ア	イ

（5）タンパク質はまず，胃液中の（　ア　）という消化酵素によって分解される。その後，
　　 すい液，小腸の壁から出される消化酵素によって，最終的に（　イ　）に分解される。

ア	イ

（6）脂肪は，（　ア　）で作られ胆のうにたくわえられている（　イ　）という消化液で
　　 細かい粒にされる。その後，すい液中の消化酵素のはたらきで脂肪酸と（　ウ　）に
　　 分解される。

ア	イ	ウ

48

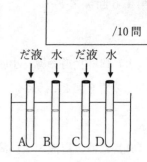

/10問

（1）4本の試験管A～Dにうすいデンプン溶液を同量ずつ
　　入れ，AとCにはだ液を，BとDには水を同量ずつ入れ
　　てよく混ぜた。その後，A～Dを約40℃のお湯に10分
　　間入れた。これについて，あとの問いに答えなさい。

　① AとBの試験管をとり出して，ヨウ素液を入れたところ，
　　青紫色に変化した試験管はどちらか。

　② CとDにベネジクト液を少量加えて加熱し，色の変化を
　　みた。色が変化したのはどちらの試験管か。また，何色
　　に変化したか。

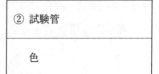

　② 試験管
　　　　　　　　　　　　　　　　　　　　　　　　色

　③ ①，②の結果から，だ液にはどのようなはたらきがあると言えるか。

　③

（2）消化酵素などによって分解された物質は，最終的に小腸の壁に
　　ある右図のような突起から吸収される。この突起を何というか。

（3）（2）のつくりが無数にあることで，養分と接する（　　　　）
　　が大きくなり，養分を効率よく吸収することができる。

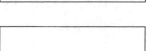

（4）図1は，ヒトのろっ骨や肺などを模式的
　　に表したもので，図2はヒトの呼吸運動を
　　調べるための装置である。これについて，
　　あとの問いに答えなさい。

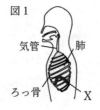

図1
気管　　肺
ろっ骨　　　X

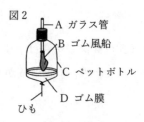

図2
A ガラス管
B ゴム風船
C ペットボトル
D ゴム膜
ひも

　① 図1のXの膜を何というか。

　① X

　② 図1のXにあたる部分を図2のA～Dから選びなさい。

　②

　③ 図2の装置のひもを下に引くと，ペットボトル内
　　の小型の風船は⑦(ふくらむ/しぼむ)。これは息を
　　④(吸った/はいた)状態を表している。

　③ ⑦
　　　　　　　　　　　　　　　　　　　　　④

第１８回テスト

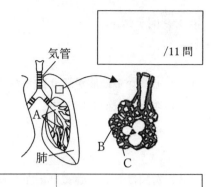

/11問

（1）右図は，ヒトの肺のつくりを示している。
これについて，あとの問いに答えなさい。

① 気管が分かれたA，肺にある小さな袋B，
Bのまわりにある血管Cをそれぞれ何というか。

① A	B	C

② BからCに取りこまれる気体は何か。

②

③ CからBに出される気体は何か。

③

④ 肺には無数のBがあるが，これは肺で気体を交換するうえで，どのような点で都合が
いいか。「表面積」という語句を用いて説明しなさい。

④

（2）肝臓は，体内の有害な物質を無害な物質にかえるはたらき
がある。この有害な物質と無害な物質とはそれぞれ何か。

有害
無害

（3）肝臓のはたらきとして，不適切なものを次の中から１つ選びなさい。

ア 養分をたくわえる。　　イ アンモニアを尿素にかえる。
ウ 胆汁をつくる。　　エ 血液中から尿素などの不要物をとりのぞく。

（4）右図は，血液中の不要な物質をとりのぞくはたらきをする
つくりを表している。X，Yはそれぞれ何というか。

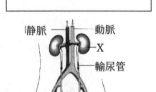

X：血液中の尿素などの不要物や余分な水や塩分などを尿にする。

Y：尿を一時的にためておく場所。

X	Y

50

/17問

（1）心臓から血液が送り出される血管と心臓へ戻ってくる血管
をそれぞれ何というか。

出

戻

（2）右図はヒトの心臓を正面から見た
ときの断面である。A～D の部分の
名称をそれぞれ答えなさい。

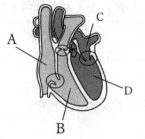

A

B

C

D

（3）（2）の ◯ で囲んだ血液の逆流を防ぐためのつくりを
何というか。

（4）右図はヒトの血液の循環の一部を模式的に表した
ものである。これについて，あとの問いに答えなさい。

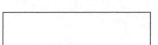
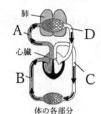

①　図の A～D の血管の名称をそれぞれ答えなさい。

① A	B	C	D

②　ア，イの血液の経路を何というか。
　　ア　【　心臓→A→肺→D→心臓　】
　　イ　【　心臓→C→体の各部分→B→心臓　】

② ア

イ

③　酸素を多く含む血液を何というか。

③

④　③の血液が流れている血管は図の A～D のどれか。
すべて答えなさい。

④

⑤　二酸化炭素を多く含む血液を何というか。

⑤

⑥　⑤の血液が流れている血管は図の A～D のどれか。
すべて答えなさい。

⑥

/11問

（1）右図は，血液の固形成分と液体成分を表したもの
である。これについて，あとの問いに答えなさい。

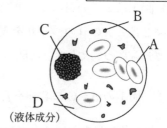

① 血液の成分 A〜D の名称を答えなさい。

① A	B	C	D

② 血液が赤く見えるのは，A の中にある赤色の物質を
含んでいるためである。この物質名を書きなさい。

②

③ ②はどのような性質があるか。「酸素が多いところでは」「酸素が少ないところでは」
の２つの言葉を使って書きなさい。

③

④ ㋐〜㋒のはたらきは図の A〜D のどの成分が行うか。

㋐ 細菌などの異物をとらえる。
㋑ 養分や不要な物質を運ぶ。
㋒ 出血したときに血液を固めるはたらきをする。

④ ㋐
㋑
㋒

（2）右図は，チャック付きのポリエチレンの袋に少量の水と
メダカを入れ，尾びれの部分の細い血管のようすを顕微鏡
で観察したときのスケッチである。このとき観察した A の
細い血管と B の小さな粒をそれぞれ何というか。

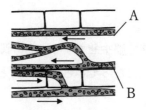

A	B

52

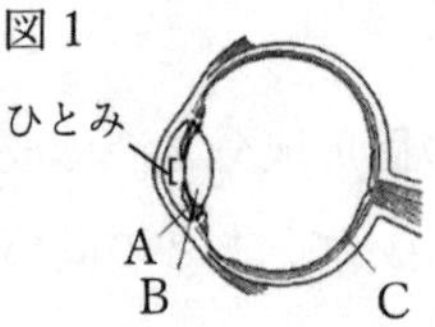

（1）図1はヒトの目のつくりを表したもの，
図2はヒトの耳のつくりを表したものである。
これらについて，あとの問いに答えなさい。

図1
ひとみ

A
B
C

① 図1のA〜Cの名称を答えなさい。

A：光の明るさによってひとみの大きさを変える。
B：光を屈折させ，C上にピントのあった像を結ばせる。
C：光の刺激を受け取る細胞がある場所。

① A

B

C

図2

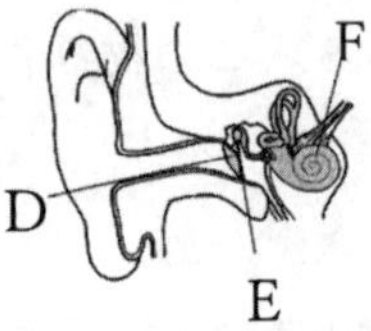

② 図2のD〜Fの名称を答えなさい。

D：最初に音を受け取り，振動する場所。
E：Dの振動をFに伝える部分。
F：音の刺激を受けとる細胞がある場所。

F
D
E

② D

E

F

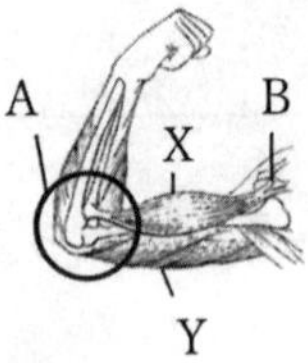

（2）右図は，ヒトの腕を曲げたときのようすを表している。
これについて，あとの問いに答えなさい。

A
B
X
Y

① A，Bの名称を答えなさい。

A：筋肉のはたらきでAの部分で骨格が曲げられる。
B：筋肉と骨をつなぐ丈夫なつくり。

① A

B

② 腕を伸ばすとき，縮む筋肉は図のX，Yのどちらか。

②

（3）脳やせきずいなど，判断や命令などを行う重要な役割を
になっている部分を何というか。

（4）（3）から枝分かれして，からだのすみずみまでいきわた
っている感覚神経や運動神経などをまとめて何というか。

53

/7 問

（１）10 人が手をつないで並び，一番端の人がストップウォッチを押すのと同時に隣の人の手をにぎり，手をにぎられた人はさらに隣の人の手をにぎる。最後の人が手をにぎられたら，合図をだし，それを見た一番端の人がストップウォッチを押すという実験を行った。これについて，あとの問いに答えなさい。

① 下の【 】には，この実験で皮膚が刺激を受けとってから筋肉で反応がおこるまでの刺激や命令が伝わるようすを示した。ア〜ウの空欄をうめなさい。

【 皮膚→（ ア ）神経→せきずい→（ イ ）→せきずい→（ ウ ）神経→筋肉 】

① ア	イ	ウ

② ストップウォッチの表示が 2.6 秒であったとき，刺激に対する反応時間は 1 人あたり何秒か。

②

（２）熱いお湯に手が触れて，思わず手を引っ込めた。これについて，あとの問いに答えなさい。

① この反応を何というか。

①

② この刺激を受けてから反応が起きるまでの信号の伝わる道筋の右図の a〜f を使って表しなさい。

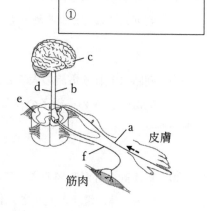

②

③ このとき，手を引っ込めるという命令を出しているのは何というところか。

③

（１）次の電気用図記号は何を表しているか。

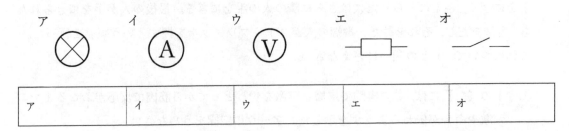

ア	イ	ウ	エ	オ

（２）下の豆電球のつなぎ方の回路をそれぞれ何というか。

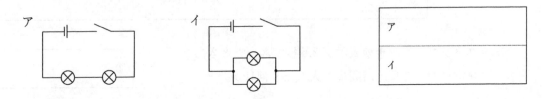

ア	
イ	

（３）電流計について，あとの問いに答えなさい。

① 電流計のつなぎ方は，回路の測りたいところに対して
   直列につなぐか，それとも並列につなぐか。

①

② 回路に流れる電流の大きさが予想できないとき，50mA,
   500mA, 5A の－端子のうち，どの端子につなぐか。

②

③ 電流計の針が右図のようになって
   いるとき，電流の大きさは何 mA か。

③

④ 1A は何 mA か。

④

（１）右図のような回路をつくり，電流や電圧の大きさを
　　　調べた。これについて，あとの問いに答えなさい。

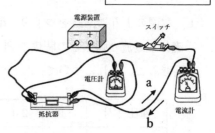

　　①　この回路のスイッチを入れたとき，電流が流れる
　　　　向きは，a，bのどちらか。

①

　　②　図の配線を，電気用図記号使って
　　　　解答欄に書きなさい。

②

（２）次の図の①〜③のX点における電流の大きさをそれぞれ求めなさい。

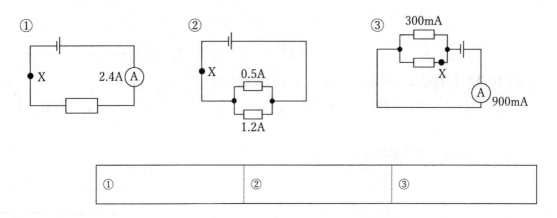

①	②	③

（３）次の図の①〜③のX点における電圧の大きさをそれぞれ求めなさい。

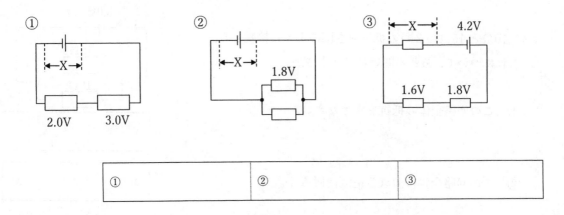

①	②	③

/7 問

（１）右図のように回路をつくり，電熱線に加えた電圧と
　　 流れる電流の強さとの関係を調べた。下の表はその結
　　 果である。これについて，あとの問いに答えなさい。

電圧 [V]	1.0	2.0	4.0	8.0
電流 [A]	0.1	0.2	0.4	0.8

　①　この実験の結果から，電圧と電流の強さの間には
　　 どのような関係があるか。

①

　②　①のような関係を何の法則というか。

②

　③　電圧を 7.0V にしたときに流れる電流は何 A か。

③

（２）10Ωと 15Ωの２つの抵抗を右図のように接続した。
　　 これについて，あとの問いに答えなさい。

　①　この回路全体の抵抗を求めなさい。

①

　②　この回路の電源の電圧は何 V か。

②

（３）10Ωと 15Ωの２つの抵抗を右図のように接続した。
　　 これについて，あとの問いに答えなさい。

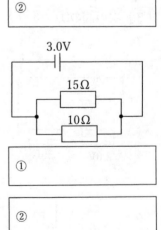

　①　この回路全体の抵抗を求めなさい。

①

　②　この回路全体に流れる電流は何 A か。

②

57

/11問

（1）右図は，電熱線 A, B それぞれの両端にかけた
　　　電圧と流れる電流の関係を示したものである。
　　　これについて，あとの問いに答えなさい。

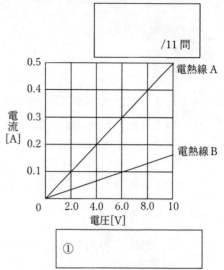

①　同じ電圧をかけたときに電流が流れにくいのは
　　電熱線 A, B のうちどちらか。

①

②　グラフからわかるように，電流と電圧は比例関係にある。
　　電圧を V[V], 電流を I[A], 抵抗を R[Ω]として，この
　　関係を「V=～」という式に表しなさい。

②

③　電熱線 A, B の抵抗はそれぞれ何Ωか。

③ A

B

④　電熱線 A, B を直列につないだときと並列につないだ
　　ときの回路全体の抵抗をそれぞれ求めなさい。

④ 直列

並列

（2）次の値をそれぞれ求めなさい。

①　電流 200mA, 電圧 8.0V のときの抵抗。

②　抵抗 10Ω, 電流 2.0A のときの電圧。

③　抵抗 50Ω, 電圧 25V のときの電流。

①

②

③

（3）回路をつくるときの導線によく使用される，銅などの
　　電気が流れやすい物質を何というか。

（4）ガラスやプラスチックなどの抵抗が大きく，電流が
　　流れにくい物質を何というか。

58

/10 問

（1）3つの抵抗 A, B, C を使って，右図のように回路を
つくった。これについて，あとの問いに答えなさい。

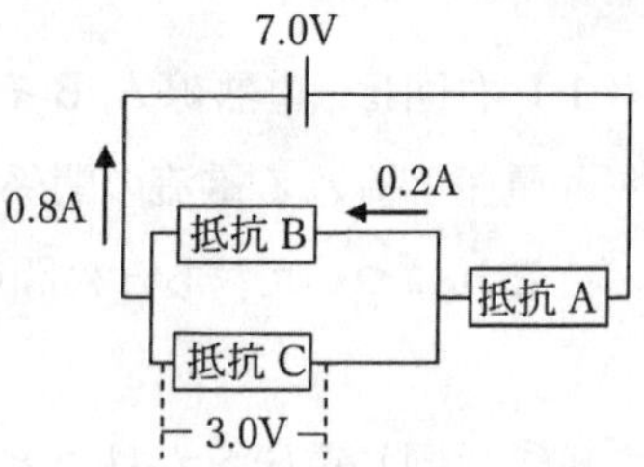

7.0V

0.8A 抵抗 B 0.2A 抵抗 A

抵抗 C

3.0V

　　① 抵抗 B に加わる電圧の大きさを求めなさい。

①

　　② 抵抗 C の大きさを求めなさい。

②

　　③ 抵抗 A の大きさを求めなさい。

③

（2）100V の電圧を加えて 12A の電流が流れるドライヤーの
電力は何 W か。

（3）ある電気器具に 100V の電圧を加えたところ，消費電力は
1450W だった。このとき流れている電流は何 A か。

（4）電気がもつ，光や熱を発生させたり，電気器具をはたらかせ
たりする能力を何エネルギーというか。

（5）6V の電圧を加えて 3A の電流が流れる電熱線を 2 分間使用
するとき発生する熱量は何 J か。

（6）1200W のエアコンを 6 時間使用したときの電力量は何 kWh か。

（7）40W の電球を使ったところ，消費した電力は 720000 J で
あった。この電球を使った時間は何時間か。

（8）家庭内の配線は直列か，並列か。

59

/8問

（1）右図は，棒磁石のまわりのようすを表したもので
　　ある。これについて，あとの問いに答えなさい。

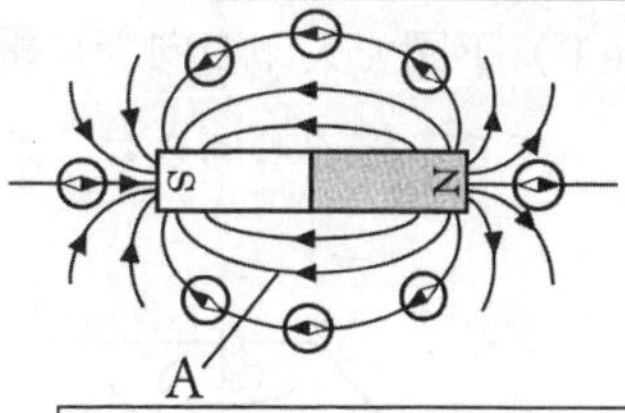

① 磁石による力を何というか。

①

② 図の曲線ＡなどのＮ極とＳ極を結ぶ曲線を何というか。

②

③ 図のように棒磁石のまわりで①がはたらく空間を何と
　　いうか。

③

④ 図のように磁針を置いたとき，Ｎ極がさす向きを何と
　　いうか。

④

（2）右図は棒磁石の磁界のようすを示している。
　　これについて，あとの問いに答えなさい。

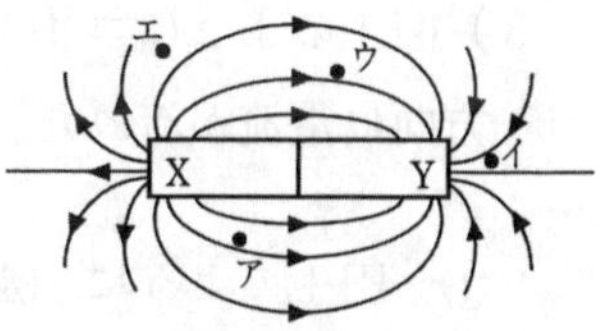

① この磁石のＮ極は，右図のＸ,Ｙのどちらか。

①

② 図のア～エの中で最も磁界が強いのはどこか。

②

（3）コイルに電流を流すと，右図のように磁界の向きが
　　あらわれた。これについて，あとの問いに答えなさい。

磁界の向き

電流の向き

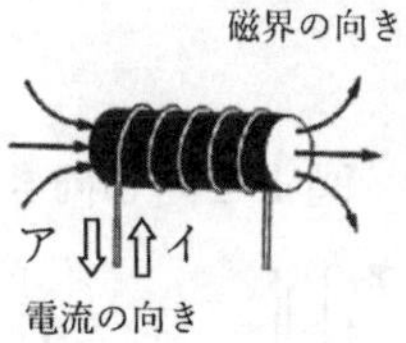

① このときの電流の向きはア，イのどちらか。

①

② このコイルの磁界を強くする方法として不適切なものはどれか。

ア　コイルを温める。
イ　流す電流の大きさを大きくする。
ウ　コイルの巻数を多くする。

②

60

/9問

（1）下図で矢印の向きに電流が流れたとき，導線の周りに
できる磁界の向きは，ア，イのどちらか。

（2）右図はモーターのしくみを表している。このとき，
コイルがアの方向に回転した。この状態から電流を
流す向きを逆にし，その他は何もかえなかったとき，
コイルはどちらに回転するか。

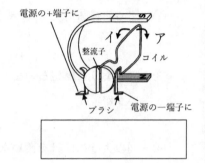

（3）図1のようにコイルに棒磁石のN極を入れると，矢印の
方向に電流が流れた。これについて，あとの問いに答えなさい。

図1

①　図1のように，磁石を動かしたときにコイルに電圧が
生じて電流が流れる現象を何というか。

①

②　このとき流れる電流を何というか。

②

③　このとき，N極をコイルに入れたままにすると，
電流は流れるか。流れないか。

③

④　図1と同じ向きに電流が流れるものをすべて選びなさい。

④

⑤　この実験で流れる電流の大きさを大きくするには，棒磁石をより
ア（はやく/ゆっくり）動かす，磁石を磁力のイ（強い/弱い）もの
にかえる，コイルの巻数をウ（増やす/減らす）という方法がある。

⑤ア	イ	ウ

/10問

（1）右図のようにストローをティッシュペーパーでこすると，電気が発生した。これについて，あとの問いに答えなさい。

① このとき発生した電気を何というか。

①

② このあと，このストローとティッシュペーパーを近づけると，反発し合うか，引き合うか。

②

③ ドアノブにふれようとしたらピリッとした。このように，たまっていた電気が流れ出る現象を何というか。

③

（2）右図は，クルックス管(真空放電管)に電流を流したときのようすである。このとき蛍光板に明るい光の線が現れた。これについて，あとの問いに答えなさい。

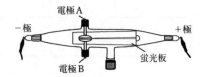

① この明るい線を何というか。

①

② ①は小さな粒子の移動によるものである。この粒子を何というか。また，この粒子は＋と－のどちらの電気を帯びているか。

② 粒子

電気

③ 蛍光板上に現れた明るい光の線は，＋極，－極のどちらからどちらへ向かうか。

③

③ この図で電極Aに＋極を，電極Bを－極につなぎ，電圧を加えると，光の線はどうなるか。

④

（3）α線，β線，γ線などをまとめて何というか。

（4）レントゲンなどで使用されるX線も放射線である。レントゲンなどで人体内部のようすを撮影することができるのは，X線などの放射線にはどのような性質があるからか。

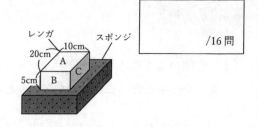

（1）右図のように，スポンジの上に 1 kg のレンガ を置いた。100 g の物体にはたらく重力の大き さを 1N として，あとの問いに答えなさい。

　① A面を下にしたとき，スポンジが受ける圧力は何Paか。

　② スポンジが受ける圧力が一番大きいのは，A〜C のどの面を下にしたときか。

（2）次の①〜⑤の天気記号が表す天気を答えなさい。

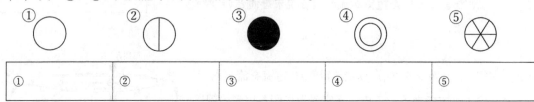

①	②	③	④	⑤

（3）晴れのときの雲量はいくつからいくつの間か。

〜

（4）右の天気図記号の風向，風力，天気を書きなさい。

風向	風力	天気

（5）気温を調べるときは，（　ア　）があたらないようにし， 地上から約（　イ　）mの高さのところで測定する。

ア

イ

（6）右図はある日の乾湿計の一部 を示している。これについて， あとの問いに答えなさい。

　① 湿球は A，B のどちらか。

　② このときの気温は何℃か。

　③ このときの湿度は何％か。

乾球 (℃)	乾球と湿球の示度の差 (℃)					
	0	1	2	3	4	5
20	100	91	81	72	64	56
19	100	91	81	72	63	54
18	100	90	80	71	62	53
17	100	90	80	70	61	51
16	100	90	79	69	59	50
15	100	89	78	68	58	48
14	100	89	78	67	57	46
13	100	88	77	66	55	45

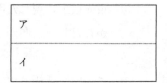

Aの示度　　Bの示度

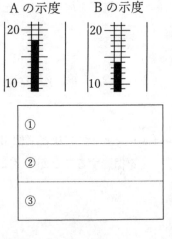

①

②

③

/7問

（1）右図は，ある場所の5月16日から18日
　　の気温と湿度をグラフで示したものである。
　　これについて，あとの問いに答えなさい。

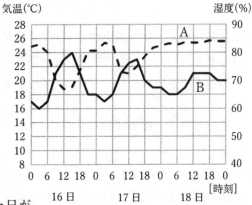

気温(℃)　　　　　　　　　　　　　湿度(%)

① 　図の A，B のうち，気温を表している
　　のはどちらか。

② 　16日から18日の間で，1日中雨が降った日が
　　あった。それは何日か。

①

②

③ 　②のように答えた理由を簡単に書きなさい。

③

（2）右図のように，金属製のコップに室温と同じ20℃の水
　　を入れ，その中に氷の入った試験管を入れてゆっくりか
　　き混ぜた。水温が12℃になると，コップの表面がくもり
　　始めた。下の表は気温と飽和水蒸気量の関係を示したも
　　のである。これについて，あとの問いに答えなさい。

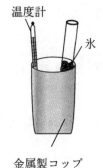

温度計

氷

金属製コップ

気温(℃)	10	12	14	16	18	20	22
飽和水蒸気量(g/m³)	9.4	10.7	12.1	13.6	15.4	17.3	19.4

① 　水蒸気が水滴に変わる現象を何というか。

①

② 　下線部のように，空気中の水蒸気が水滴に変わるとき
　　の温度を何というか。

②

③ 　この室内の湿度は何%か，少数第1位を四捨五入して，
　　整数で答えなさい。

③

④ 　この部屋の室温が10℃になったとき，空気1m³あたり
　　何gの水蒸気が水滴にかわるか求めなさい。

④

64

/9 問

（１）右図のような装置をつくり，フラスコ内に少量の水と線香のけむりを入れ，ピストンを引いたり押したりしたときのフラスコ内のようすを観察した。これについて，あとの問いに答えなさい。

① ピストンをすばやく引くと，フラスコ内のようすはどうなるか。

①

② ①のようになったのは，ピストンを引くことで空気が
ア(膨張/収縮)し，フラスコ内の温度が イ(上がり/下がり)
露点に達し，水蒸気が水滴になったからである。

② ア
イ

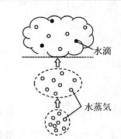

（２）右図は，雲ができるようすを模式的に表したものである。
これについて，あとの問いに答えなさい。

① 気圧は海面から上空に行くほどどうなるか。

② 空気のかたまりの体積は，上昇するにつれてどうなるか。

③ ②の結果，空気のかたまりの温度はどうなるか。

④ 図の水滴や氷の粒が，ある程度の大きさ(重さ)にならないと落ちてこないのは，何によって支えられているからか。

①
②
③
④

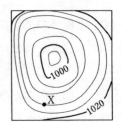

（３）右図は，ある地域の気圧配置を示したものである。
これについて，あとの問いに答えなさい。

① 図のように気圧の等しい地点を結んだ線を何というか。

①

② X地点の気圧は何 hPa か。

②

65

/13問

（1）次の中から北半球での高気圧と低気圧の風の吹き方として，
　　　正しいものをそれぞれ選びなさい。

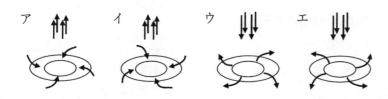

高気圧	
低気圧	

（2）⑦(高気圧/低気圧)の中心付近では，まわりからふきこんで
　　　くる風が④(上昇/下降)気流となり，雲が発生しやすいので，
　　　天気が悪いことが多い。一方，⑨(高気圧/低気圧)の中心付近
　　　では，㊀(上昇/下降)気流となって，晴れることが多い。

⑦
④
⑨
㊀

（3）右図A，Bは，前線の構造を
　　　示したものである。これについ
　　　て，あとの問いに答えなさい。

①　図のア，イは，それぞれ暖気か，寒気か答えなさい。

① ア	
イ	

②　図A，Bの前線の名前を書きなさい。

② A	
B	

③　図A，Bの前線の記号をそれぞれ書きなさい。

③ A	
B	

④　図Aでできやすい雲Xの名前を答えなさい。

④

（１）次の中から温暖前線と寒冷前線の特徴として正しいものをそれぞれすべて選びなさい。

    ア　積乱雲が発達する。

    イ　乱層雲や高層雲などが広い範囲にできる。

    ウ　広い範囲で弱い雨が長時間降り続く。

    エ　せまい範囲で強い雨が短時間降る。

    オ　前線通過後は気温が上がる。

    カ　前線通過後は気温が下がる。

温暖前線
寒冷前線

（２）前線付近で雨が降りやすい範囲として正しいものはどれか。

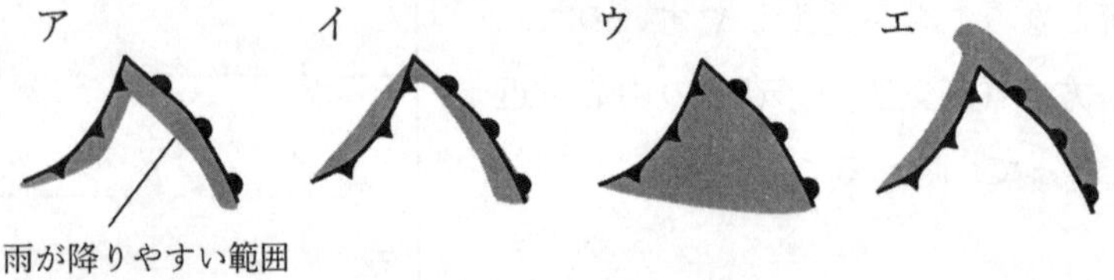

ア　イ　ウ　エ

雨が降りやすい範囲

（３）右図は，日本周辺の３つの気団を表している。
これについて，あとの問いに答えなさい。

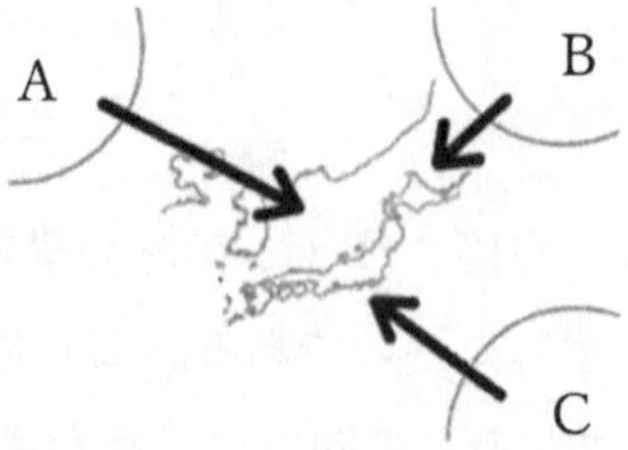

A　B　C

   ①　図のA〜Cの気団の名前を答えなさい。

① A	B	C

   ②　夏に発達する，高温で湿潤な気団はどれか。

②

   ③　冬に発達する，寒冷で乾燥した気団はどれか。

③

（４）冬にふく季節風の風向を８方位で答えなさい。

（５）冬の典型的な気圧配置を表す語句を漢字４文字で答えなさい。

（６）陸と海を比べたとき，あたたまりやすく，冷めやすいのは
どちらか。

67

やさしく復習　中学1年理科　解答例

第1回テスト

（1）⑦ 接眼レンズ　　④ レボルバー　　⑦ 対物レンズ　　（2）150倍

（3）イ→オ→エ→ウ→ア　　（4）b　　（5）ウ

※（2）15×10

（3）イ：高倍率で最初に観察を行うと，視野が狭くなり，観察物が見つけにくい。

ウ，エ：プレパラートと対物レンズをぶつけるのをさけるため，遠ざけながらピントを合わせる。

（4）顕微鏡は上下左右が逆に見えるので，Aを左下に動かしたいときは，プレパラートをbの方向に動かす。

（5）観察物を動かせないときは，顔を前後に動かしてピントを合わせる。

第2回テスト

（1）⑦ 柱頭　　④ 子房　　⑦ 胚珠　　（2）④ 果実　　⑦ 種子

（3）合弁花：アサガオ，タンポポ，ツツジ　　離弁花：アブラナ，サクラ

（4）胚珠がむき出しになっている植物。　　（5）⑦ 胚珠　　④ 花粉のう

※（3）花弁がたがいにくっついている花を合弁花といい，花弁が1枚1枚離れている花を離弁花という。

（4）被子植物は胚珠が子房の中にある植物。

第3回テスト

（1）葉脈　　（2）図6：平行脈　図7：網状脈　　（3）A：ひげ根　B：主根　C：側根

（4）根毛　　（5）単子葉類　　（6）双子葉類　　（7）ア 2　　イ ひげ根　　ウ 網状

第4回テスト

（1）シダ植物　　（2）コケ植物　　（3）胞子　　（4）A：胞子のう　場所：ア　　（5）仮根

（6）⑦ アサガオ，タンポポ　　④ サクラ，アブラナ　　⑦ ユリ　　② イヌワラビ

※（4）イヌワラビはシダ植物で，葉の裏側に胞子が入った胞子のうがある。図10のアは葉，イは茎，ウは根。

（6）双子葉類は花弁が1つにくっついている合弁花類と，花弁が1枚1枚離れている離弁花類に分類できる。

第5回テスト

（1）セキツイ動物　　（2）卵生　　（3）胎生　　（4）鳥類　　（5）両生類

（6）⑦ メダカ，マグロ　　④ イモリ，カエル　　⑦ ヤモリ，ワニ　　② ペンギン，ハト　　④ ウサギ，イルカ

第6回テスト

（1）無セキツイ動物　　（2）節足動物　　（3）外骨格　　（4）軟体動物　　（5）外とう膜

（6）① A：イ　　B：ウ　　② 大きくなる前に他の動物に食べられてしまう可能性が高いため。

※（2）無セキツイ動物は，節足動物，軟体動物，その他に分類できる。

第7回テスト

（1）A：空気調節ねじ　B：ガス調節ねじ　　（2）ウ→ア→イ→エ→オ　　（3）青色

（4）有機物　　（5）無機物　　（6）有機物：砂糖，木材，プラスチック　　無機物：食塩，ガラス，鉄，水

※（2）ガスバーナーの火の消し方は，空気調節ねじ→ガス調節ねじ→コック→元栓の順に閉める。

第8回テスト

（1）⑦ 広がり　　⑦ よく通す　　（2）位置：⑦　水の量：62.0 cm³　　（3）2.7 g /cm³

（4）73.6 g　　（5）浮く。

※（2）1ml＝1cm³ なので，62.0ml＝62.0cm³　液面の最も低いところを真横から見て，最小目盛りの$\frac{1}{10}$まで読む。

　（3）密度[g/cm³]＝$\frac{物質の質量[g]}{物質の体積[cm³]}$ より，16.2[g]÷6[cm³]　　（4）0.92[g/cm³]×80[cm³]

　（5）液体より密度が小さい物体は浮き，液体より密度が大きい物体は沈む。氷は水より密度が小さいので浮く。

第9回テスト

（1）⑦ 水上置換法　　⑦ 上方置換法　　⑦ 下方置換法

（2）⑦ 水にとけにくい気体。　　⑦ 水にとけやすく，空気よりも軽い気体。

（3）はじめに出てくる気体は，発生させた装置の中の空気を多く含むから。

（3）発生させた装置の中の空気
（元々この辺りにあった空気）

（4）酸素　　（5）激しく燃える。　　（6）二酸化炭素　　（7）白くにごる。

※（2）⑦は，水にとけやすく，空気よりも重い気体を集める。

　（4）酸素は水にとけにくいので水上置換法で集める。

　（6）二酸化炭素は空気より重く水に少しとけるだけなので，下方置換法か水上置換法で集める。

第10回テスト

（1）水素　　（2）水　　（3）アルカリ性　　（4）アルカリ性　　（5）ア 黄緑色

イ 軽い　　ウ 水上置換法　　エ 漂白　　（6）純粋な物質（純物質）　　（7）混合物

※（3）青色リトマス紙を赤色に変えるのは酸性の水溶液。

　（4）無色のフェノールフタレイン溶液はアルカリ性の水溶液のときだけ赤色に変わる。

第11回テスト

（1）食塩水，空気　　（2）状態変化　　（3）沸点　　（4）融点　　（5）① Ⅰ ウ　Ⅱ エ　　② B

※（1）水，鉄，二酸化炭素，食塩は純粋な物質（純物質）

　（2）多くの物質は，液体から固体に状態変化すると体積は減るが，質量は変化しない。つまり，密度が大きくなる。

　　　　ただし，水は液体から固体の氷に変化すると体積は大きくなり，密度が小さくなる。質量は変化しない。

　（5）② 氷がとけはじめる点はA，水の沸騰がはじまる点はC，沸騰が終わる点はD

第12回テスト

（1）① 銅，アルミニウム　　② 水銀，水，エタノール　　③ 窒素

（2）① 液体が急に沸騰することを防ぐため。　　② 蒸留　　③ 試験管A

　　　④ 水より沸点が低いエタノールのほうが先に出てくるから。

※（1）① 200℃＜融点　　② 融点＜20℃＜沸点　　③ 沸点＜0℃

　（2）② 蒸留を利用すると，混合物中の液体の沸点の違いにより，物質を分離できる。

　　　　④ 水の沸点は100℃，エタノールの沸点は78℃。

第13回テスト

（1）水溶液　　（2）溶質　　（3）溶媒　　（4）ア　　（5）溶解度　　（6）飽和水溶液

（7）再結晶　　（8）① 8.4 g　　② 105.1 g

※（7）再結晶により，物質をより純粋にすることができる。　　（8）① 40[g]−31.6[g]　　② 169[g]−63.9[g]

-2-

第１４回テスト

（１）① 硝酸カリウム　　② 約47ｇ（46ｇも可）　　③ 水を蒸発させて結晶をとり出す。

（２）20%　　（３）50ｇ

※（１）② 58[g]−11[g]もしくは12[g]

　　　　③ 塩化ナトリウムは温度によって溶解度があまり変化しないので，再結晶により結晶を取り出しにくい。

　　（２）質量パーセント濃度＝$\dfrac{\text{溶質の質量[g]}}{\text{溶質の質量[g]＋溶媒の質量[g]}}×100$ より，$\dfrac{25[g]}{(25+100)[g]}×100$　　（３）$\dfrac{25[\%]}{100}×200[g]$

第１５回テスト

（１）光源　　（２）A：入射角　B：反射角　　（３）A＝B（等しい）　　（４）乱反射

（５）①（光の）屈折　　② A：入射角　B：屈折角　　③ イ

※（３）光が反射するとき，入射角＝反射角となることを（光の）反射の法則という。

　　（５）③ 光が空気中から水やガラスへ進むとき，入射角＞屈折角。

第１６回テスト

（１）全反射　　（２）① ⑦　② ⑦　　（３）ウ　　（４）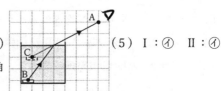　（５）Ⅰ：④　Ⅱ：④

※（２）② 光が水やガラスから空気中に進むとき，入射角＜屈折角

第１７回テスト

（１）① 右図　② 80 cm　③ 変わらない。　　（２）① 焦点　② 焦点距離

※（１）① 実物の目と像の頭の先を結んだ線と鏡の交点に向かってXから線を引く。

　　　　同様に実物の目と像の足先を結んだ線と鏡の交点に向かってYから線を引く。

　　　　② 必要な鏡の長さは身長の半分。

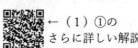　←（１）①の
さらに詳しい解説

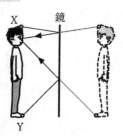

第１８回テスト

（１）①
物体
焦点

② 実像　③ 大きさ：同じ。　向き：上下左右が逆。

④ 虚像　⑤ 大きさ：大きい。　向き：同じ　⑥ エ　　（２）エ

物体と凸レンズの距離	焦点距離の2倍より外側	焦点距離の2倍	焦点<物体<焦点距離の2倍	凸レンズ<物体<焦点
できる像の大きさ	物体より小さい(実像)	物体と同じ(実像)	物体より大きい(実像)	物体より大きい(虚像)

※（１）

第１９回テスト

（１）① 音源(発音体)　② 振動　③ 止まる　　（２）① 音が鳴る。(振動する。)

② 音は鳴りにくい。(音が小さくなる。)　③ 空気　　（３）① 340m/s　② 2040m

③ 音の速さは，光の速さよりも(非常に)遅いから。

※（３）① 1360[m]÷4[秒]　② 340[m/s]×6[秒]　③ 水中や固体の中を伝わる音の速さは空気中よりも速い。

第２０回テスト

（１）振幅　　（２）Hz(ヘルツ)　　（３）強くはじく。　　（４）ア 短く　イ 細く　ウ 強く

（５）① A　② C

※（５）① 振幅が大きいほど音は大きくなる。　　② 振動数が多いほど音は高くなる。

第21回テスト

（1）弾性力（弾性の力）　　　（2）摩擦力　　　（3）重力

（4）① 比例関係　② フックの法則　③ 14cm　④ 0.5N　　（5）18N　　（6）3N

※（4）③ 0.2N の力を加えたとき 2cm 伸びている。1.4N の力でのびるばねの長さを x cm とすると，$0.2:2=1.4:x$。

　　　④ ③と同様，ばねの伸びが 5cm のときに加えた力の大きさを y[N] とすると，$0.2:2=y:5$。

（5）$1800[g]:x[N]=100[g]:1[N]$　　（6）$18[N] \times \dfrac{1}{6}$

第22回テスト

（1）作用点　　　（2）① 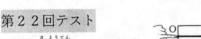　　② 　　③

（3）ア 同一直線　イ 反対　ウ 同じ（等しい）　　　（4）① B　② 垂直抗力　③ A

※（4）① 本にかかる重力の作用点は本の中心（重心）に代表させ，その方向は下向き。

第23回テスト

（1）マグマ　　　（2）① マグマのねばりけ　② C　③ C　④ ア C　イ B　ウ A

（3）① 火山灰　② 溶岩　③ 火山弾

※（2）A はマグマのねばりけが弱く，黒っぽい。C はマグマのねばりけが強く，白っぽい。B は A と C の間。

第24回テスト

（1）⑦ 弱い（小さい）　㋤ 黒っぽい　㋕ おだやか　　　（2）① A：火山岩　B：深成岩

　　② a：斑晶　b：石基　③ A：斑状組織　B：等粒状組織

　　④ 安山岩，流紋岩　⑤ マグマが地表や地表近くで急速に冷えて固まった。

※（1）㋐：強い（大きい）　㋒：白っぽい　㋔：爆発的（激しい）

　　（2）① 火成岩は火山岩と深成岩に分けられる。　④ 花こう岩と斑れい岩は B のつくりをもつ深成岩。

第25回テスト

（1）① A　② ア セキエイ　イ クロウンモ

（2）① ア 安山岩　イ 玄武岩　ウ 花こう岩　エ 斑れい岩

　　② チョウ石　③ A　④ 地下のマグマが長い時間をかけてゆっくりと冷えて固まったから。

※（2）③ マグマのねばりけが弱いものほど黒っぽく，強いものほど白っぽい。

第26回テスト

（1）① A：震源　B：震央　② 震度　③ 10 段階　④ マグニチュード（M）　⑤ 同心円状

（2）① X：初期微動　Y：主要動　② 初期微動継続時間　③ X：P 波　Y：S 波

※（1）③ 0，1，2，3，4，5 弱，5 強，6 弱，6 強，7 の 10 段階。

　　　④ マグニチュードの数値が 1 つ大きくなるとエネルギーは約 32 倍，2 つ大きくなると約 1000 倍になる。

第27回テスト

（1）津波　　　（2）隆起　　　（3）沈降　　　（4）① 15 秒　② 6 km/s　③ 4 km/s

　④ 11 時 43 分 20 秒　　　（5）プレート　　　（6）海溝

※（4）① 地点 B での（主要動がはじまった時刻）ー（初期微動がはじまった時刻）

② 地点 A, B の P 波の到着時刻の差は，11 時 43 分 50 秒－11 時 43 分 30 秒＝20[秒]。

地点 A, B の震源からの距離の差は，180[km]－60[km]＝120[km]。

よって P 波の速さは，120[km]÷20[秒]＝6[km/s]。

③ 地点 A, B の S 波の到着時刻の差は，11 時 44 分 05 秒－11 時 43 分 35 秒＝30[秒]。

地点 A, B の震源からの距離の差は 120 km。S 波の速さは，120[km]÷30[秒]＝4[km/s]。

④ 地点 A の震源からの距離は 60 km，P 波の速さは 6 km/s，P 波が震源から地点 A に到着するまでにかかった時間は，60[km]÷6[km/s]＝10[秒]。よって地震発生時刻は，11 時 43 分 30 秒の 10 秒前。

第28回テスト

（1）① 120 km(地点)　② 240 km(地点)　③ P 波：6 km/s　S 波：4 km/s　（2）④　（3）イ

※（1）① グラフより，S 波と P 波の差が 10 秒なのは 120 km 地点だとわかる。

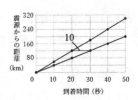

② ①より，震源からの距離が 120 km のとき初期微動継続時間は 10 秒。

初期微動継続時間と震源からの距離は比例するので，120×2＝240[km]。

③ P 波は 120 km を 20 秒で伝わっているので，120[km]÷20[秒]＝6[km/s]。

S 波は 120 km を 30 秒で伝わっているので，120[km]÷30[秒]＝4[km/s]。

（2）海洋プレートが大陸プレートの下に沈み込み，大陸プレートが海洋プレートに引きずりこまれ，ひずみがたまる。この大陸プレートの先端部が元に戻ろうとすることで地震(海溝型地震)がおこる。

第29回テスト

（1）風化　　（2）侵食　　（3）運搬　　（4）堆積　　（5）堆積岩

（6）① 粒の大きさ　　② 流れる水のはたらきで角がとれて丸くなったから。

※（6）流水のはたらきで海や湖まで運ばれてきた土砂は，粒が大きい順に海岸付近に堆積していく。

第30回テスト

（1）㋐ れき岩　　㋑ 砂岩　　㋒ 泥岩　　（2）Ⅰ：石灰岩　　Ⅱ：チャート

（3）凝灰岩　　（4）鍵層　　（5）示相化石　　（6）示準化石　　（7）エ　　（8）古生代

※（1）粒の大きさが小さいほど遠くまで運ばれる。

（2）石灰岩とチャートはうすい塩酸をかけて二酸化炭素が発生するかどうかで見分ける。

第31回テスト

（1）① 考えられる。　② d, h　③ k　④ あたたかくて浅い海　⑤ 古生代

（2）断層　　（3）しゅう曲

※（1）①，② 火山の噴火による火山灰は，広い範囲に短時間に堆積する。離れた場所の地層を調べるときは，この凝灰岩(火山灰)の層がよい目印（鍵層）になる。鍵層の上下の地層の順序が同じなので，2 つの地層はつながっていると考えられる。

③ X 地点の d 層は Y 地点の h 層とつながっている。よって一番下の k 層が一番古い。

④ 示相化石…ある環境でしか生存できない生物の化石。主な示相化石の例は，

サンゴ：あたたかく浅い海　シジミ：海水と河川の水が混じるところ　ブナ：やや寒い気候の土地

⑤ 主な示準化石の例は，古生代：フズリナ，サンヨウチュウ，中生代：アンモナイト，恐竜，新生代：ナウマンゾウ，ビカリア。　古いものから順に，古生代，中生代，新生代。

（2）過去にくり返してずれ動き，今後も活動して地震を起こす可能性がある断層を，活断層という。

第1回テスト

（1）① 白色　　② 酸素　　③ 水が(試験管Aに)逆流するのを防ぐため。　　④ (熱)分解

（2）① 二酸化炭素　　②ア 炭酸ナトリウム　　イ 水

※（1）① 酸化銀を加熱すると，酸化銀→銀(白い固体)＋酸素(気体)という熱分解がおこる。

　　　② 酸素は，ものを燃やすはたらきがある。

　（2）① 二酸化炭素は，石灰水を白くにごらせる性質がある。

第2回テスト

（1）① ウ　　② (青色の)塩化コバルト紙　　③ 白くにごる。　　④ 赤色　　⑤ ア　　⑥ エ

※（1）② 青色の塩化コバルト紙は水にふれると
　　　　赤(桃)色に変化する。

⑤

	炭酸水素ナトリウム	炭酸ナトリウム
水へのとけ方	少しとける	よくとける
フェノールフタレイン溶液の変化	うすい赤色	赤色
	弱アルカリ性	強アルカリ性

第3回テスト

（1）原子　　（2）ア 縦　　イ 周期表　　（3）イ，エ　　（4）① H　　② 酸素　　③ C

④ Cl　　⑤ 銅　　⑥ Zn　　⑦ Mg　　⑧ Ag　　（5）分子　　（6）① CO_2　　② 6個

※（3）原子の種類は現在約120種類発見されており，なくなったり，新しくできたり，他の原子にかわったりしない。

第4回テスト

（1）① H_2　　② Ag_2O　　③ NH_3　　④ H_2O　　⑤ $BaSO_4$　　⑥ $NaCl$

（2）二酸化炭素，水，硫化鉄　　（3）① ＋極：陽極　　－極：陰極

② 電流を流れやすくするため。　　③ $2H_2O \rightarrow 2H_2 + O_2$　　④ 陰極　　⑤ A：B＝1：2

※（2）化合物は，2種類以上の元素からできている物質。化合物：CO_2, H_2O, FeS　単体：Ag, Cl_2

　（3）④ 陰極で水素(火を近づけると音を立てて燃える)，陽極で酸素(火を近づけると炎をあげて燃える)が
　　　　発生する。　⑤ $2H_2O \rightarrow 2H_2 + O_2$ の式から，気体A(O_2)と気体B(H_2)の体積比は1：2。

第5回テスト

（1）⑦ H_2　　④ CO_2　　⑦ H_2O　　（2）① $C + O_2 \rightarrow CO_2$　　② $2Cu + O_2 \rightarrow 2CuO$

③ $2Ag_2O \rightarrow 4Ag + O_2$　　④ $2NaHCO_3 \rightarrow Na_2CO_3 + CO_2 + H_2O$

（3）① 続く。　　② $Fe + S \rightarrow FeS$　　③ 加熱前の混合物　　④ 加熱後の物質

※（3）この実験のように2種類以上の物質が結びついて，別の物質になる化学変化を化合という。

① 化学変化で熱が
　発生し，その熱に
　よって反応が続く。

③, ④

	鉄＋硫黄(加熱前)	硫化鉄(加熱後)
磁石に近づける	引きつけられる	引きつけられない
うすい塩酸を加える	水素が発生(無臭)	硫化水素が発生(腐卵臭)

発生した気体のにおいを調べるときは，手であおぐようにしてかぐ。

第6回テスト

（1）① ウ　　② 酸素　　③ 酸化　　④ 加熱前のマグネシウムリボン　　⑤ $2Mg + O_2 \rightarrow 2MgO$

（2）① $2Cu + O_2 \rightarrow 2CuO$　　② 加熱後にできた黒い物質

※（1）① この実験のように，熱や光を出しながら物質が酸化されることを燃焼という。

　　　④ マグネシウムと塩酸が反応すると水素が発生する。

　（2）② 加熱後にできた黒い物質は酸化銅。加熱することで酸素と結びつき，化合した酸素の分だけ質量が大きくなる。

第7回テスト

（1）① 白くにごる。　　② 物質：銅，色：赤色　　③ A：還元　B：酸化　　④ イ→ウ→ア

　　⑤ 空気が試験管Aの中に入り，銅が酸化されるのを防ぐため。　　⑥ イ，ウ

※（1）① 二酸化炭素は石灰水を白くにごらせる性質がある。

　　② 黒色の酸化銅が炭素によって還元され，赤色の銅になる。

　　④ 石灰水が熱した試験管Aに逆流して割れるのを防ぐためにガラス管を石灰水の中から出した後，火を消

　　　す。その後，試験管Aにできた銅が空気とふれて反応しないようにピンチコックでゴム管を閉じる。

　　⑥ 磁石に引きつけられる性質は，鉄などの一部の物質にしかなく，金属共通の性質ではない。

　　　アルミニウムや銅は磁石に引きつけられない。金属は薬さじなどでこすると光沢がでる。

第8回テスト

（1）① 二酸化炭素　　② 質量保存の法則　　③ 発生した気体(二酸化炭素)が空気中に出ていくから。

（2）① 4：1　　② 比例関係　　③ 3.5 g

※（1）① 炭酸水素ナトリウム($NaHCO_3$)＋塩酸(HCl)→塩化ナトリウム($NaCl$)＋二酸化炭素(CO_2)＋水(H_2O)

　　② 化学変化で原子の組み合わせは変化しても，それぞれの原子の種類や数は変化しないからである。

　（2）① (加熱後の質量)－(銅の質量)＝(化合した酸素の質量)　　0.4：(0.5－0.4)＝0.4：0.1＝4：1

　　③ 銅の質量の4分の1が酸素の質量なので，2.8÷4＝0.7[g]

　　　(加熱後の質量)＝(銅の質量)＋(酸素の質量)＝2.8＋0.7＝3.5[g]

　　　または，(銅の質量)：(加熱後の質量)＝ 4：5 より，4：5 ＝ 2.8：x　　x＝3.5

第9回テスト

（1）① マグネシウムがすべて酸化されたから。　　② 3：2　　③ 1.6 g　　④ 2.1 g　　⑤ 15 個

（2）発熱反応　　（3）吸熱反応

※（1）② 0.6 g のマグネシウムがすべて酸化されたときの質量が 1.0 g なので，マグネシウムと結びついた酸素の

　　　質量は，1.0－0.6＝0.4[g]　　よって，0.6：0.4＝3：2

　　③ 酸素が x g ふくまれているとすると，3：2＝(4.0－x)：x　　x＝1.6[g]

　　④ 問題文より，反応した酸素の量は，3.6－3.0＝0.6[g]。反応したマグネシウムの量を x g と

　　　すると，3：2＝x：0.6　　x＝0.9[g]　　よって，残っているマグネシウムの量は，3.0－0.9＝2.1[g]

　　⑤ 反応式は，$2Mg＋O_2→2MgO$　　$2Mg$ はマグネシウム原子2個，O_2 は酸素分子1個を表しているので，

　　　(マグネシウム原子の数)：(酸素分子の数)＝2：1　　よって，30：(酸素分子の数)＝2：1

第10回テスト

（1）① A　　② 細胞壁：エ　　細胞膜：ア　　核：ウ　　葉緑体：イ　　③ 酢酸オルセイン溶液（酢

　　酸カーミン溶液，酢酸ダーリア溶液）　　④ 空気の泡が入らないようにするため。

　　⑤ Ⅰ：ウ　　Ⅱ：イ　　Ⅲ：エ　　⑥ 場所：オ　　名称：液胞

第11回テスト

（1）多細胞生物　　（2）単細胞生物　　（3）⑦ ミカヅキモ　　④ ゾウリムシ　　⑨ アメーバ

（4）① 組織　　② 器官　　③ 細胞(の)呼吸　　④ 葉緑体　　⑤ 気孔　　⑥ 孔辺細胞

第12回テスト

（1）① 蒸散　② 水面からの水の蒸発を防ぐため。　③ 葉の表：0.5ml　葉の裏：1.8ml　茎：0.1ml

④ 葉の裏側　（2）ア：道管　イ：師管　ウ：維管束　（3）光合成

※（1）① ワセリンは，ぬった部分からの蒸散を防ぐ。

	A	B	C
茎	○	○	○
葉表	○	×	○
葉裏	○	○	×

③ 葉の表からの蒸散量＝（Aの蒸散量）－（Bの蒸散量）＝2.4－1.9＝0.5[ml]

葉の裏からの蒸散量＝（Aの蒸散量）－（Cの蒸散量）＝2.4－0.6＝1.8[ml]

茎からの蒸散量＝（Bの蒸散量）＋（Cの蒸散量）－（Aの蒸散量）＝1.9＋0.6－2.4＝2.5－2.4＝0.1[ml]

（3）光合成でつくられたデンプンは水にとけないので，水にとける物質にかわってから師管を通って植物の

全身に送られる。その後，再びデンプンになって果実や種子，茎，根などに蓄えられる。

第13回テスト

（1）① 脱色される。　② エタノールは引火しやすいから。　③ ヨウ素液(ヨウ素溶液)　④ 青紫色

（2）① B　② a：酸素　b：二酸化炭素　X：呼吸　Y：光合成

※（1）葉をエタノールにつけ，脱色させると，ヨウ素デンプン反応がわかりやすくなる。

AとBの比較で光合成が緑色の部分で行われること，AとCの比較で光合成に光が必要なことがわかる。

第14回テスト

（1）① 対照実験　② 二酸化炭素　③ 試験管B　（2）① A：青色　B：黄色

② 呼吸で出される二酸化炭素の量より光合成で使われる二酸化炭素の量の方が多いから。

※（1）③ Aは光合成によって二酸化炭素が使われたので，石灰水を入れても白くにごらない。

（2）① 青色のBTB溶液に二酸化炭素をふきこんで中性の緑色にな

っているので，この溶液は最初アルカリ性である。Aは光合

成により二酸化炭素が使われるので，アルカリ性にもどる。

Bは呼吸により二酸化炭素の量が増えるので酸性になる。

	酸性	中性	アルカリ性
BTB溶液	黄色	緑色	青色
赤色リトマス紙	赤色	赤色	青色
青色リトマス紙	赤色	青色	青色
フェノールフタレイン溶液	無色	無色	赤色

第15回テスト

（1）アブラナ：エ　ユリ：ア　（2）① 維管束　② Y　（3）葉：ア　茎：エ　根：オ

※（1）アブラナは茎の維管束が輪状にならんでおり，水などの通り道である道管はその内側，葉でつくった養分を

通す師管は外側にある。　ユリは茎の維管束が全体に散らばっており，道管は内側，師管は外側にある。

（2）② 気孔が葉の裏側に多いことよりわかる。　（3）

	子葉	葉脈	茎	根
単子葉類	1枚	平行脈	全体に散らばっている	ひげ根
双子葉類	2枚	網状脈	輪状にならんでいる	主根と側根

第16回テスト

（1）消化管　（2）消化酵素　（3）A：肝臓　B：胃　C：胆のう　D：すい臓

E：小腸　F：大腸　（4）ア：アミラーゼ　イ：ブドウ糖

（5）ア：ペプシン　イ：アミノ酸　（6）ア：肝臓　イ：胆汁　ウ：モノグリセリド

※（6）胆汁は消化酵素をふくんでないが，消化を助けるはたらきを持つ。

第17回テスト

（1）① B　② 試験管：C　色：赤褐色　③ デンプンを麦芽糖などに分解するはたらき。

（2）柔毛　（3）表面積　（4）① X：横隔膜　② D　③ ⑦：ふくらむ　④：吸った

※（1）だ液などにふくまれる消化酵素は，ヒトの体温に近い 40℃で最もよくはたらく。

① ヨウ素液はデンプンと反応して青紫色になる。

② ベネジクト液は糖と反応して赤褐色の沈殿が生じる。また，室温ではほとんど反応せず，加熱する必要がある。

（4）魚の体で，ヒトの肺と同じはたらきをしている器官を「えら」という。　② 気管：A，肺：B，ろっ骨：C

第18回テスト

（1）① A：気管支　　B：肺胞　　C：毛細血管　　② 酸素　　③ 二酸化炭素

④ 空気にふれる表面積が大きくなり，酸素と二酸化炭素の交換を効率よく行える。

（2）有害：アンモニア　無害：尿素　　（3）エ　　（4）X：じん臓　Y：ぼうこう

※（3）消化によってできた養分のうち，ブドウ糖とアミノ酸は小腸の毛細血管に入ったあと，肝臓におくられる。

そのため，小腸から肝臓へ行く血管には，最も多くの養分がふくまれている。　エはじん臓のはたらき。

第19回テスト

（1）出：動脈　　戻：静脈　　（2）A：右心房　　B：右心室　　C：左心房　　D：左心室

（3）弁　　（4）① A：肺動脈　　B：大静脈(静脈)　　C：大動脈(動脈)　　D：肺静脈

② ア　肺循環　　イ　体循環　　③ 動脈血　　④ C，D　　⑤ 静脈血　　⑥ A，B

第20回テスト

（1）① A：赤血球　　B：血小板　　C：白血球　　D：血しょう　　② ヘモグロビン

③ 酸素が多いところでは酸素と結びつき，酸素が少ないところでは酸素の一部を放す性質がある。

④ ⑦ C　　⑦ D　　⑨ B　　（2）A：毛細血管　　B：赤血球

※（1）④ ⑦ 血しょうの一部は，毛細血管からしみ出して組織液となり，細胞をひたしている。

第21回テスト

（1）① A：虹彩　　B：レンズ(水晶体)　　C：網膜　　② D：鼓膜　　E：耳小骨　　F：うずまき管

（2）① A：関節　　B：けん　　② Y　　（3）中枢神経　　（4）末しょう神経

※（1）目や耳，舌などの刺激を受けとる部分を感覚器官という。

第22回テスト

（1）① ア：感覚　　イ：脳　　ウ：運動　　② 0.26 秒　　（2）① 反射　　② a→e→f　　③ せきずい

※（1）② 2.6(秒)÷10(人)

（2）① 食物を口に入れるとだ液が出る，明るさによってひとみの大きさが変化する，これらも反射である。

② 反射は，皮膚→感覚神経→せきずい→運動神経→筋肉　という道筋。

③ 反射は脳ではなく，せきずいが直接命令を出すため，（1）のような通常の反応よりも刺激を受けてから

反応するまでの時間が短い。これは，危険から身を守ることなどに役立っている。

第23回テスト

（1）ア：電球　　イ：電流計　　ウ：電圧計　　エ：抵抗器　　オ：スイッチ

（2）ア：直列回路　　イ：並列回路　　（3）① 直列　　② 5A　　③ 350mA　　④ 1000mA

※（3）② 電流の大きさが予想できないときは，いちばん大きい電流をはかることができる 5A につなぐ。

指針の振れが小さいときは，500mA→50mA の順につなぎかえる。

第24回テスト

（1）① b　② 右図　（2）① 2.4A　② 1.7A　③ 600mA

（3）① 5.0V　② 1.8V　③ 0.8V

（1）②

※（1）電流は電源の＋極から出て，－極へ向かう向きに流れる。

（2）① 直列回路では，どの点でも同じ大きさの電流が流れる。

② 並列回路では，0.5Aと1.2Aの和がX点に流れる電流の大きさと同じである。0.5[A]＋1.2[A]

③ 並列回路なので，300mAとX点に流れる電流の大きさの和が900mA。900[mA]－300[mA]

（3）① 直列回路では，2.0Vと3.0Vの和がX点の電圧に等しい。3.0[V]＋2.0[V]

② 並列回路では，どこで電圧をはかっても電源の電圧と等しい。

③ 直列回路なので，1.6Vと1.8VとX点の電圧の大きさの和が4.2V。4.2[V]－1.8[V]－1.6[V]

第25回テスト

（1）① 比例関係　② オームの法則　③ 0.7A　（2）① 25Ω　② 5V　（3）① 6Ω　② 0.5A

※（1）抵抗をR[Ω]，電圧をV[V]，電流をI[A]とすると，$V=RI$ と表すことができる。

（2）① 抵抗を直列につないだときの合成抵抗の大きさは，各抵抗の大きさの和。10[Ω]＋15[Ω]

② $V=RI$ より，$V=25[\Omega] \times 0.2[A]$

（3）① 回路全体の合成抵抗をRとすると，$\dfrac{1}{R}=\dfrac{1}{10}+\dfrac{1}{15}=\dfrac{1}{6}$ よって，$R=6[\Omega]$

② $V=RI$ より，$3[V]=6[\Omega] \times I[A]$　$I[A]=\dfrac{3[V]}{6[\Omega]}$

第26回テスト

（1）① 電熱線B　② $V=RI$　③ A：20Ω　B：60Ω　④ 直列：80Ω　並列：15Ω

（2）① 40Ω　② 20V　③ 0.5A　（3）導体　（4）絶縁体（不導体）

※（1）① グラフより，例えば，電熱線の両端にかけた電圧が2.0Vのとき，電流は電熱線Aより電熱線Bの方が
小さい。つまり，電熱線Bの方が流れにくいことがわかる。

③ A：$\dfrac{2[V]}{0.1[A]}$　B：$\dfrac{6[V]}{0.1[A]}$　④ 直列：20[Ω]＋60[Ω]＝80[Ω]　並列：$\dfrac{1}{20}+\dfrac{1}{60}=\dfrac{1}{15}$ より 15[Ω]

（2）① 200mA＝0.2A　$R=\dfrac{8.0[V]}{0.2[A]}$　② $V=10[\Omega] \times 2.0[A]$　③ $I=\dfrac{25[V]}{50[\Omega]}$

第27回テスト

（1）① 3.0V　② 5Ω　③ 5Ω　（2）1200W　（3）14.5A　（4）電気エネルギー

（5）2160 J　（6）7.2kWh　（7）5時間　（8）並列

※（1）① 並列につながれているので，抵抗Bには抵抗Cと同じ3.0Vの電圧が加わっている。

② 抵抗Cに流れる電流＝0.8（回路全体に流れる電流）－0.2（抵抗Bに流れる電流）＝0.6[A]

よって，抵抗Cの大きさは，$\dfrac{3.0[V]}{0.6[A]}=5[\Omega]$

③ 抵抗Aに流れる電流は0.8A，抵抗Aにかかる電圧は7.0[V]－3.0[V]＝4.0[V]

よって，抵抗Aの大きさは，$\dfrac{4.0[V]}{0.8[A]}=5[\Omega]$

（2）電力[W]＝電圧[V]×電流[A]より，100[V]×12[A]＝1200[W]　（3）1450[W]÷100[V]＝14.5[A]

（5）熱量[J]＝電力[W]×時間[秒]より，6[V]×3[A]×120[秒]＝2160[J]

（6）1000W＝1kW より，1200[W]×6[h]＝7200[Wh]＝7.2[kWh]

（7）720000[J]÷40[W]＝18000[秒]　　18000[秒]÷（60×60）＝5[時間]

（8）並列に配置することで，各電気器具に一定の電圧がかかるようにしている。直列回路を使ってしまうと，たくさんの電気製品をつないだときに電圧が弱くなってしまい，動かなくなる可能性がある。

第２８回テスト

（1）① 磁力　② 磁力線　③ 磁界　④ 磁界の向き　　（2）① X　② イ　　（3）① ア　② ア

※（2）① 磁界の向きがX→Yになっているので，XがN極，YがS極。

　　　　② 磁力線の間隔がせまいほど磁界が強い。

　（3）右手の４本指をコイルに流れる電流の向きとすると，親指の指す向きがコイルの内側の磁界の向きになる。

第２９回テスト

（1）イ　　（2）イ　　（3）① 電磁誘導　② 誘導電流　③ 流れない。　④ イ，エ

　⑤ ア はやく　イ 強い　ウ 増やす

※（1）電流を上から下に流したときは，時計回りの磁界ができる。

　（2）電流の向きのみ逆になったので，力の向きは反対になる。

　（3）① コイルに棒磁石を出し入れすると，コイル内の磁界が変化し，コイルに電流を流そうとする電圧が生じる。

　　　　ICカードやIH調理器，発電機などはこの電磁誘導を利用している。

　　　③ 磁界が変化しないので，誘導電流は流れない。

　　　④ 誘導電流の向きは磁界の向きを逆にすると逆になり，磁石を動かす向きを逆にしても逆になる。

第３０回テスト

（1）① 静電気　② 引き合う。　③ 放電

（2）① 陰極線（電子線）　② 粒子：電子　電気：－　③ －極から＋極　④ 上に曲がる。

（3）放射線　　（4）物質を透過する性質。

※（1）① 摩擦によって物体にたまった電気のことを静電気という。

　　　　② ティッシュ内の－の電気がストローに移動するので，ストローは－，ティッシュは＋の電気が多くなる。

　　　　　ティッシュとストローは異なる電気を帯びているので，引き合う。

　（2）④ 電子線は電子の流れなので，上下方向に電圧をかけると＋極の方に曲がる。

第３１回テスト

（1）① 500 Pa　② B　　（2）① 快晴　② 晴れ　③ 雨　④ くもり　⑤ 雪　　（3）2～8

（4）風向：南西　風力：4　天気：雨　　（5）ア：直射日光　イ：1.5

（6）① B　② 18℃　③ 62%

※（1）① 圧力[Pa]＝ $\dfrac{\text{力の大きさ[N]}}{\text{力がはたらく面積[m}^2\text{]}}$ より，$\dfrac{10[N]}{0.1[m]×0.2[m]} = \dfrac{10[N]}{0.02[m^2]} = 500[Pa]$

　　　　② ①の式より，スポンジが受ける圧力はレンガの底面積が小さいほど大きくなる。

　（3）雲量が０～１は快晴，９～10はくもり。

　（6）② 乾球（A）の示す温度が気温である。

　　　　③ 乾湿球の差は，18[℃]－14[℃]＝4[℃]

　　　　　湿度は，湿度表の交わるところを読む。

乾球 (℃)	乾球と湿球の示度の差（℃）					
	0	1	2	3	4	5
20	100	91	81	72	64	56
19	100	91	81	72	63	54
18	100	90	80	71	62	53

第32回テスト

（1）① B　　② 18日　　③ 湿度が高く，気温・湿度の変化が小さいから。

（2）① 凝結（ぎょうけつ）　　② 露点（ろてん）　　③ 62%　　④ 1.3 g

※（1）晴れの日の気温は夜明け前に最低になり，午後2時ごろに最高になる。湿度は反対の動きをする。

　（2）水とコップの表面の温度をほぼ同じするため，熱を伝えやすい性質がある金属製のコップを実験で使用する。

　　　　③ 室温20℃の飽和水蒸気量は17.3[g/m³]，水温が12℃でコップの表面がくもり始めたので，室内の露点は

　　　　　12℃。つまり室内の空気1m³中の水蒸気量は10.7 g。よって湿度は，$\frac{10.7[g]}{17.3[g]} \times 100 = 61.8\cdots \fallingdotseq 62[\%]$

　　　　④ 10.7－9.4(10℃のときの飽和水蒸気量)＝1.3[g]

第33回テスト

（1）① 白くくもる。　　② ア 膨張（ぼうちょう）　イ 下がり　　（2）① 低くなる。　　② 膨張する。

　③ 下がる。　　④ 上昇気流　　（3）① 等圧線　　② 1012hPa

※（1）① フラスコ内の水蒸気が凝結しやすく，くもりやすくするために線香のけむりを入れた。

　　　　　フラスコの中に少量の水を入れたのは，フラスコ内の湿度をあげるため。

　　　　② ピストンを押すと，フラスコ内の空気が圧縮されて温度が上がり，くもりが消える。

　（2）密閉されたお菓子の袋を持って高い山を登ると袋はふくらむ。この現象は（2）のことから説明できる。

　　　　これは，外の気圧が袋内の気圧よりも小さくなって，袋の中の空気が膨張するためである。

　　　　空気のかたまりの温度が露点に達すると，水蒸気が凝結し始めて水滴になり，雲ができる。

　（3）等圧線は通常4hPaごとにひかれ，低気圧では中心に向かって気圧が低くなる。

第34回テスト

（1）高気圧：ウ　　低気圧：ア　　（2）⑦ 低気圧　　④ 上昇　　⑨ 高気圧　　④ 下降

（3）① ア 寒気　イ 暖気　　② A：寒冷前線　　B：温暖前線

　③ A：▼▼▼　　B：●●●　　　　④ 積乱雲（せきらんうん）（積雲）

※（3）③ 前線の記号は前線の進行方向に書く。

　　　　このほかにも，寒気と暖気の強さが同じくらいで停滞する停滞前線 ━▼▲▼▲━ や，

　　　　寒冷前線が温暖前線に追いついてできるへいそく前線 ━▲▲▲━ がある。

第35回テスト

（1）温暖前線：イ，ウ，オ　　寒冷前線：ア，エ，カ　　（2）エ

（3）① A：シベリア気団　　B：オホーツク海気団　　C：小笠原気団（おがさわら）

② C（小笠原気団）　　③ A（シベリア気団）　　（4）北西　　（5）西高東低　　（6）陸

※（1）寒冷前線の通過後は風向きが南よりから北よりに急変し，気温は下がる。

　（2）温帯低気圧で雨の降る範囲は，寒冷前線の後方（北西側），温暖前線の前方（北東側），低気圧の中心である。

　（4）冬はシベリア気団が発達し北西の季節風がふき，夏は小笠原気団が発達し南東の季節風がふく。

　　　　日本上空を西から東に向かって偏西風（へんせいふう）がふいているので，日本の天気は，西からくずれたり回復したりする。

　（5）西に高気圧が発達し，東に低気圧が発達している気圧配置。

　（6）陸をつくる岩石は海の水と比べて，あたたまりやすく冷えやすい性質をもっている。